W0233597

Odile Laufner / Monika Ernst

Architektinnen bauen Wohnhäuser

41 aktuelle Beispiele

Callwey

Inhalt

Vorwort   6

Architektinnen und die Baukultur   7

Wohnen im Wandel   12

Zwischen Traum und Wirklichkeit   14

Projekte der Architektinnen   16

Winka Dubbeldam
Loft eines Kunstsammlers   20

Louisa Hutton
Eine Farbsinfonie   26

Dorothea Becker
Verdrehtes Kleinod   30

Doris Gruber
Außenraum hinter Glas   34

Ulrike Halfmann
Quergestellt   38

Berta Heyl
Ein Haus wächst mit   40

Eveline Jilg-Meiser
Bruch und Verwobenheit   44

Christa Reicher
Spannungsvoller Dialog   46

Eva von der Stein
Veredelung durch Sichtbeton   50

Ute Pieroeth
**Eine schräge »Kiste« schafft
den Durchbruch**   54

Petra Hüttinger
Roter Kern in grauer Schale   58

Franziska Ullmann
Hoch oben zwischen Wald und Wiese   62

Christine Jantzen
Ungewöhnliche »Garagenlösung«   66

Gabriele Richter
Das Mini-Komplett-Haus   70

Susanne Hug
Kleines »Langhaus«   74

Myriam Claire Gautschi
Gartenhaus mit »Lebensmuseum«   78

Kazuyo Sejima
**Ein besonderer Wohnwürfel
im Häusermeer**   82

Claudia Dzino
Wohnen zur Sonne   88

Anita Schepp
Wohnen über der Wiese   92

Zaha Hadid
**Zwei gegensätzliche Welten
im Cross-House-Projekt**   96

Dagmar Eisermann
Transparenz und Schichtung   100

Angelika Asseburg
Repräsentation 104

Gabriele Gropp-Stauth
Haus mit blauer Tür 108

Angelika Blüml
Offenes Wohnen 112

Andrea Rehm
Im Obstgarten 116

Anna Weber
Addiert, verschoben, gedreht 120

Anette Hillebrandt
»...von innen nach außen...« 124

Holodeck
Susanne Schmall
Marlies Breuss
Haus mit Aussicht 128

Astrid Lohss
Son Vent 132

Gisela Kaiser
Vom Prototyp zur Siedlung 136

Birgit Welter
Regalhaus 140

Doris Schmid-Hammer
Unterschiedliche Lebenskonzepte 144

Christine Edmaier
Wohnen auf der »Kleinen Fleetinsel« 150

Jutta Schattauer
Constanze Tibes
Ein Reihenhaus zum Preis
einer Wohnung 154

Christin Scheiblauer
Wohnen am Hasenbergl 158

Pirjo Sanaksenaho
Wohnen in Gemeinschaft 162

Beata Huke-Schubert
Am Grenzwächtergang 168

Odile Laufner
Monika Ernst
Single-Wohnen 172

Anne Rabenschlag
Wohnen und Arbeiten 176

Zwischenräume
Brigitte Henning
Roswitha Näbauer
Mechthild Siedenburg-Landherr
Integriertes Wohnen 180

Odile Decq
Ein Haus mit Fuge 186

Architektinnenverzeichnis 190

Literaturnachweis 191

Vorwort

Fast fünfundzwanzig Jahre sind vergangen, seitdem Architektinnen und Stadtplanerinnen eine öffentliche Diskussion über die spezifische Sicht von Frauen als Planende und Verplante in Architektur und Stadtplanung begonnen haben. Inzwischen gehört es zum selbstverständlichen Wissen, dass Frauen ihre eigene Sichtweise insbesondere zum Thema Wohnen haben.

Wie sehen sie aus, die Wohngebäude, geplant und gebaut von Architektinnen? Welche Zielvorstellungen spiegeln sich hier wider? Für welche Materialien und welche Formensprache entscheiden die Architektinnen sich? Wie interpretieren sie das Thema Wohnen in der Diskussion mit ihren Auftraggeberinnen und Auftraggebern? Wie wollen wir heute wohnen im Zeitalter von Telekommunikation und verstopften Straßen, von Patchworkfamilien und Single-Haushalten?

Viele Fragen werden aufgeworfen und viele räumliche Antworten gezeigt, beides haben wir in diesem Bildband zusammengetragen.

Architekturbücher faszinieren meist durch ihre ästhetischen Fotos, aufgenommen von professionellen Fotografinnen und Fotografen – Kunstwerke an sich mit Architekturbildern, die selbst Kunst im Sinne von Baukunst sein wollen. Auch wir Autorinnen und Architektinnen sind empfänglich für die Ästhetik von menschenleerer Architekturfotografie, dem Darstellen des Wesentlichen der Architektur. Aber wo ist sie ausschließlich Selbstzweck, wo beginnt die Unvereinbarkeit von Baukunst und Gebrauchswert? Lässt die ästhetische Leere Platz für Alltag? Wie alltagstauglich sind die Gebäude?

Zwei Baumeisterinnen, zu erkennen an Messstab, Winkel, Zirkel und Schablone. Federzeichnung von 1289 zur »Psychomachia« des Prudentius aus dem 4. Jahrhundert.*

Architektinnen und die Baukultur

Architektinnen im westlichen Kulturkreis können kaum auf eine Tradition des Bauens zurückgreifen, da Hochschulen und Bauhandwerkerzünfte den Frauen bis ins 20. Jahrhundert den Zugang zur Ausbildung als Architektin und zur Ausübung des Bauhandwerks verwehrten.

Das war nicht immer so: Wie die Zeichnungen zeigen, konnte man sich Frauen im Mittelalter offensichtlich als Baumeisterinnen vorstellen.

Ob Frauen im Mittelalter jedoch selber als Baumeisterinnen gearbeitet haben, ist bisher noch unklar.

Trotzdem gab es immer einzelne Frauen, die als Baumeisterinnen beziehungsweise Architektinnen tätig waren, deren Werke jedoch weitgehend »verschüttet« wurden und noch unerforscht sind.

Manche Frau wählte auch den unkonventionellen Weg, als Wandergesellin in Männerkleidung »auf die Walz« zu gehen.

Über solche Frauen ist in den traditionellen Geschichts- und Architekturbüchern wenig zu finden. Hier bedarf es noch vieler oft mühsamer Recherchen durch die Frauenforschung.

Dank der Arbeit der Architektin Helga Schmidt-Thomsen kann heute wieder an folgende Namen der Architektinnen aus dem 19. und 20. Jahrhundert erinnert werden:

Elisabeth von Knobelsdorff, Deutschland (1877–1959)

Emilie Winkelmann, Deutschland (1875 bis 1951)

Lilly Reich, Deutschland (1885–1947)

Marlene Moeschke, Deutschland (1894 bis 1985)

Ella Brügge, Österreich (Anfang/Mitte 20. Jahrhundert)

Marie Frommer, 1. promovierte Architektin in Deutschland (ihre Spur verliert sich im Exil während des 2. Weltkriegs)

Carola Poitrkowska, verheiratete Bloch, Deutschland und Exil (gest. 1994)

Friedl Dicker, Deutschland, umgebracht in Theresienstadt

Lucy Hillebrand, Deutschland (geb. 1906)

Die als »Geometrie« bezeichnete Frauenfigur ist auf dieser Abbildung aus dem 12. Jahrhundert mit den für Baumeister und Baumeisterinnen typischen Geräten wie Zirkel und Messstab ausgestattet.*

Baumeisterin und Bauarbeiterinnen, Federzeichnung aus dem 10. Jahrhundert zur »Psychomachia« des Prudentius aus dem 4. Jahrhundert.*

* Anke Wolf-Graaf: Die verborgene Geschichte der Frauenarbeit. Eine Bildchronik. Beltz, Weinheim und Basel 1983

Jane Wren, England (17. Jahrhundert)

Jane und Mary Parminter, England (18./ 19.Jahrhundert)

Ethel Charles, England (19./20. Jahrhundert)

Elizabeth Scott, England (Anfang 20. Jahrhundert)

Wivi Lönn, Finnland (1872–1966)

Aino Marsio-Aalto, Finnland (1894–1949)

Elsi Borg, Finnland (1893–1958)

Elsa Arokalio, Finnland (1892–1982)

Catherine Beecher, USA (19. Jahrhundert)

Harriet Irwin, USA (19. Jahrhundert)

Sophia Hayden, USA (1868–1959)

Marion Mahoney, USA (1871–1961)

Julia Morgan, USA (1872–1957)

Ray Kaiser, verheiratete Eames, USA (1916 bis 1988)

Auch Architektinnen wie die Irin Eileen Gray (1878–1976), deren Arbeit in Frankreich erst langsam entsprechend gewürdigt wird, Margarethe Schütte-Lihotzky, die im Januar 2000 kurz vor ihrem 103. Geburtstag in Wien starb, und Lux Guyer (1894–1955), eine Schweizer Architektin, sind Pionierinnen, die uns durch ihre kritische und gleichzeitig lebensbejahende Tätigkeit ein wertvolles Vermächtnis hinterließen.

Wie tief verwurzelt die Ausblendung von Frauen in der Baukunst beziehungsweise Architektur und Stadtplanung selbst heute noch ist, zeigen die massiven Widerstände, die sofort auftreten bei einer Forderung nach der Umbenennung des Sitzes der Architektenkammer, dem »Haus der Architekten«, in ein die Kolleginnen nicht ausschließendes »Haus der Architektur«, um ein Beispiel zu nennen. Auch an den Hochschulen sind die Vorbehalte gegenüber einer Architekturdiskussion, die die unterschiedlichen gesellschaftlichen Realitäten mit einbezieht, heute Gender*-Diskussion genannt, weit verbreitet. Obwohl heute durchschnittlich 46 Prozent der Architektur Studierenden Frauen sind, liegt der Anteil der Professorinnen zum Beispiel in Baden-Württemberg immer noch unter 2 Prozent. Bei den freiberuflich tätigen Architektinnen und Architekten beträgt der Anteil der Kolleginnen zur Zeit 12 Prozent**.

Dem vorliegenden Buch kommt somit auch die Bedeutung der Spurensuche zu. Es soll ein Dokument sein, das die Arbeiten und Ideen von Architektinnen sichtbar macht.

Bereits kulturanthropologische Studien aus den 60er und 70er Jahren machen deutlich, wie sehr die geschlechtsspezifische Verteilung der Arbeit und die Ausdrucksformen des Weiblichen und ihre Bedeutung variieren: In einigen Gesellschaften gelten Frauen als wild und stark, sie regeln die gesellschaftlichen Geschäfte und sprechen eine so genannte »offizielle« Sprache. In anderen Gesellschaften dagegen übernehmen Männer diese Aufgaben, Frauen gelten als sanft und passiv. Anschaulich werden die jeweilige gesellschaftliche Stellung der Frau und die damit verbundenen Aufgaben in Darstellungen der Kunst.

Wie Frauen oder Männer in ihrem Körper »woh-

---

* Gender bezeichnet im Gegensatz zum biologischen Geschlecht (sex) die gesellschaftliche Ausformung von Geschlecht im Kontext historischer, politischer, kultureller, psychologischer und sozialer Bedingungen
** Mitgliederstatistik Architektenkammer Baden-Württemberg, Stand 4.2000

nen«, hängt sehr stark mit den gesellschaftlichen Erwartungen, dem Erfüllen dieser Erwartungen und den dadurch erzielten Bestätigungen zusammen. Heute werden Frauen kaum als stark und kampfbereit dargestellt – ganz anders war dies in der Antike, aus der uns Darstellungen der Hera als kampfeslustige Frau bekannt sind. Genauso wenig findet man bei uns die Abbildung eines Mannes mit so betonter Hüfte, wie wir sie an manchen antiken Hermesstatuen entdecken. Diese spielerische Körperhaltung wird im heutigen Gesellschaftssystem als unmännlich definiert. Wir sehen hier, wie im Laufe der Jahrhunderte Werteverschiebungen stattgefunden haben.

Ein praktisches Beispiel dafür, wie Fähigkeiten von Frauen in unserer Gesellschaft interpretiert werden, ist der teilweise heute noch vorhandene Ausschluss von Frauen aus dem Bauhauptgewerbe und die gleichzeitig geforderte körperliche Schwerstarbeit von Frauen in Altenpflegeheimen und Krankenhäusern.

Die eigene Körperwahrnehmung und die damit verbundene Körpersprache hängen stark mit Raumwahrnehmung und Raumeinnehmen zusammen. Auf unser Thema bezogen heißt dies, die spezielle Situation der Architektinnen und der Frauen als Nutzerinnen in ihrem gesellschaftlichen Kontext zu betrachten, ohne diesen als »naturgegeben« anzusehen und Frauen auf eine bestimmte Rolle festzulegen. Zwei Ebenen sind hier von Bedeutung:

1. das spezifische Körper- und Raumverhältnis von Frauen als Nutzerinnen und Architektinnen
2. die derzeitigen Nutzungsschwerpunkte, die Frauen als Nutzerinnen und Architektinnen bei räumlichen Entscheidungen setzen.
Beide Ebenen sind in einem permanenten Ver-

änderungsprozess in die gesellschaftliche Interaktion eingebunden. Eine Küche zum Beispiel, in der Küchenarbeit nicht zwangsweise räumlich isoliert und unsichtbar wird, ist in der täglichen Praxis meist für Frauen von Vorteil. In eine emanzipierte Zukunft gedacht, profitieren jedoch alle, die in der Küche arbeiten, gleichermaßen: Mütter, Väter, Partnerinnen und Partner, Jugendliche und Kinder.

Je intensiver Architektinnen und Stadtplanerinnen sich im Entwurf mit ihren gesellschaftlichen Erfahrungen auseinandersetzen, desto befähigter sind sie, die eigene Rolle beim Entwerfen in den gesellschaftlichen Kontext einzubeziehen sowie die veränderten Bedürfnisse beim Wohnen wahrzunehmen und ihnen Gestalt zu geben. Dieser Qualifizierung wird noch nicht immer der angemessene Wert zuerkannt, da sich hiermit unter Umständen indirekt Infragestellungen der eigenen Lebensgewohnheiten verbinden, die dann subjektiv als Bedrohung anstatt als Erweiterungsmöglichkeit erlebt werden.

Selbstverständnis im Sinne von Selbstverstehen ist Voraussetzung für Selbstbestimmung und für ein utopisches Entwerfen im Sinne einer Überwindung der manchmal unhinterfragten, fremdbestimmten Entwurfsvorstellungen.

Prinzipiell unterscheidet sich die Identitätsfindung der Frau nicht von der des Mannes, faktisch aber wird die durch Normen des Mannes definierte Umwelt für den Selbstwerdungsprozess von Frauen zur Hürde. Es spielt eine wichtige Rolle, aus welchen Handlungs- und Erfahrungszusammenhängen wir ausgeschlossen, beziehungsweise in welche wir eingeschlossen sind.
Frauen müssen nicht nur ständig neu beweisen,

Maurerin, Foto: Michaela Gericke

ation, sich bewusst oder unbewusst zur Männerwelt in Bezug setzen zu müssen, sei es als Verweigerung, als Anpassung oder auf dem Weg der Selbstfindung.

Architektinnen, die alleine ein Büro führen oder in Partnerinnenschaft arbeiten, stellen immer noch Ausnahmen dar.

Bei den in diesem Buch veröffentlichten Projekten sind etwa die Hälfte der Arbeiten von Architektinnen in Büropartnerschaften mit Männern verwirklicht worden. Mal lag die Federführung bei der Architektin, mal war es eine gemeinsame Arbeit (siehe jeweils »Projektinfo«). Die andere Hälfte wurde von Architektinnen geplant und realisiert, die ein Büro als Alleininhaberinnen oder mit einer oder mehreren Partnerinnen führen.

Die Chance liegt gerade in der Zusammenarbeit in einer noch unüblichen Konstellation. Vor dem Hintergrund der immer noch mehrheitlich von Männern gestalteten baulichen Welt führt hier möglicherweise die Kombination aus Berufserfahrung und gesellschaftlich antrainierter sozialer Kompetenz von Frauen zu ganzheitlicheren Lösungen.

dass sie gleichrangige Qualifikationen besitzen wie ihre männlichen Kollegen, erwartet wird auch eine Anpassungsqualifikation, ein Sicheinfügen in die Spielregeln der Welt des Mannes. Zu diesen Regeln gehören passive und aktive Anpassung an »männliche« Kommunikationsformen, das Vermeiden oder Aufgreifen bestimmter Gesprächsthemen und bestimmte Formen des Konkurrenzverhaltens. Dazu gehören Outfit-Normen, eine schwierige Gratwanderung zwischen den Geboten, nicht zu »weiblich«, aber auch nicht »männlich« zu erscheinen, da dies oft als aggressive Aufforderung zur Gleichberechtigung interpretiert wird.

Architektinnen befinden sich immer in der Situ-

Häufig werden Architektinnen gefragt, was denn »weibliche« Architektur sei. Der Philosophin Luce Irigaray zufolge sollte diese Frage nach dem »Weiblichen« allerdings zurückgewiesen werden. Nach Irigaray hätten wir in den bisherigen Bestimmungen des »Weiblichen« den »männlichen« Diskurs vor uns. Es kann gar nicht darum gehen, einen anderen Begriff des »Weiblichen« zu definieren, dies hieße vielmehr, sich selber zu reduzieren auf das »Andere«, definiert über das »Eine, Eigentliche« und damit wieder neu eingeschränkt zu werden.

Die häufig gestellte Frage »Was machen Architektinnen anders?« und »Bauen Architektinnen anders?« lässt sich aber auch aus ganz pragmatischen Gründen zurzeit nicht ernsthaft beantworten. Diese Frage klären zu wollen hieße, Arbeiten von Frauen und Männern gegenüberzustellen, die unter vergleichbaren Bedingungen entstanden sind. Konkret würde dies heute bedeuten, Werke von Architekten zu vergleichen mit Werken von Architektinnen, die ihre Ausbildung an einer Hochschule mit einem Professorinnen-Anteil von 98 Prozent absolviert haben. Es müssten Projekte und Gebäude sein, deren Zielvorgaben überwiegend von Frauen formuliert wurden, die von Frauen beauftragt und in einer von Frauenmeinung geprägten (Fach-)Öffentlichkeit entstanden sind. Frauen müssten auf eine eigene Baugeschichte zurückblicken können und zumindest heute so viele Bauerfahrungen sammeln können wie ihre Kollegen. So gesehen sind wir von einer Vergleichbarkeit weit entfernt.

Allerdings ist es interessant zu untersuchen, mit welcher Intention und von wem die immer wieder auftauchende Frage »Bauen Architektinnen anders?« gestellt wird.

Solange Frauen unter gesellschaftlichen Bedingungen leben, die sich von denen der Männer unterscheiden, werden sich auch ihre Arbeiten unterscheiden. Ein Entwurf spiegelt immer den jeweiligen Erfahrungshintergrund und gesellschaftlichen Kontext wider. Wenn wir also feststellen, dass Architektinnen sozialisationsbedingt zum Beispiel besonders kommunikationsfähig sind und sich dies im Bauprozess positiv auswirkt, erscheint die gesellschaftliche Prägung in diesem Fall positiv. Dagegen kann eine dauernde Infragestellung des Gestaltungsrechts von Architektinnen und Stadtplanerinnen zu einem defensiven Planungsverständnis führen, das nicht unbedingt immer positiv sein muss.

Die häufig auf Selbstdarstellung ausgerichtete »männliche« Architekturausdrucksweise spiegelt den Gegenpol – auch mit seinen Schwächen. Gerade in Zeiten, in denen geschlechtsspezifische Rollenzuweisungen noch eine Bedeutung haben, ist es notwendig, ein Gegengewicht zur »männlichen« Einseitigkeit herzustellen und damit einen Ausgleich zu schaffen. Nur so kann sich die Ganzheit von Lebensrealitäten in der gebauten Welt widerspiegeln. Dieser Ausgleich kann in der Architektur und Stadtplanung nur stattfinden durch eine Beteiligung von Frauen und Männern zu gleichen Teilen.
Noch hoffnungsvoller jedoch erscheinen Ansätze, die nicht nur die quantitative Gleichheit, sondern auch die qualitative Transformation der geschlechtsspezifischen Einseitigkeiten beinhalten.

Als Legitimation für das Recht der Architektinnen auf die Teilhabe am Planungs- und Baugeschehen sollte es weder notwendig sein, »anders« zu bauen, noch genauso wie die männlichen Kollegen. Nicht die vorherrschende männliche Lebensrealität sollte der allgemeingültige Maßstab für Planung sein. Eine Bereicherung liegt in der Möglichkeit, einen eigenen Architekturausdruck zu entwickeln, der sich an der Lebensrealität von Frauen orientiert, diese aber im Sinne des Durchbrechens von Entwicklungsbeschränkungen durch Rollenfestlegungen transformiert. Hierfür Platz zu schaffen und Möglichkeiten zu entwickeln, dürfte die Diskussion zum Wohnungsbau – und darüber hinaus die Architekturdiskussion und das Leben in den so entstandenen Gebäuden – lebendig gestalten.

Wohnen im Wandel

Welchen Anteil haben Frauen als Nutzerinnen in Bezug auf das Wohnen? Diese Zusammenhänge wollen wir hier streiflichtartig verdeutlichen.

Frauen entscheiden sich zunehmend für differenzierte Lebensformen als allein Erziehende, allein Stehende, in unterschiedlichen Formen der Partnerschaft, mit Freundin/nen oder Freund/en, mit oder ohne Kinder – und entsprechend ändern sich auch ihre räumlichen Bedürfnisse. Die Wohnungspolitik und die Wohnbauplanung reagieren allerdings im Allgemeinen noch kaum darauf. Doch in Zeiten, in denen die Konkurrenz unter den Wohnungsbaugesellschaften und Bauträgern härter wird, werden diese sich stärker am Markt orientieren und innovative Vorschläge aufgreifen müssen.

Dass Frauen beim Hausbau und Wohnungskauf den Markt immer deutlicher mitbestimmen, hat viele Gründe. Zum einen ist die Wohnung oder das Haus ein von Frauen besonders wertgeschätztes Terrain und Frauen sind deshalb (nicht immer freiwillig) bereit, überproportional mehr dafür auszugeben als Männer. Dies verdeutlichen Angaben des Statistischen Bundesamts, nach denen zum Beispiel allein lebende Frauen im Durchschnitt 6 Prozent mehr für ihre Wohnung aufbringen als allein lebende Männer. Zum anderen entscheiden sich berufstätige Frauen zunehmend dafür, alleine oder in Alternativen zur Familie als »Haushaltsvorstände« zu leben.

Wer heute aufmerksam die Veränderungen der Wohn- und Lebensumstände beobachtet, wird feststellen, dass zumeist Frauen die Initiatorinnen von Veränderungsprozessen im Zusammenleben sind. Sie sind es, die elementar an einer Veränderung der bestehenden Ungleichheit sozialer Verantwortung und der Vereinbarkeit von ökonomischer Autonomie und Familienarbeit interessiert sind. Wie sehr sich die Lebensbedingungen von Frauen in den letzten Jahrzehnten verändert haben, machen folgende Zahlen deutlich:

– Jede dritte Frau entscheidet sich heute für ein Leben ohne Kinder (vor 30 Jahren war es etwa jede 11. Frau), wobei die Entscheidung für ein Lebenskonzept mit oder ohne Kinder von Frauen sehr bewusst getroffen wird in einer Lebensphase, die zusammenfällt mit dem Aufbau des beruflichen Lebenswegs.

– Die Zahl der allein lebenden Frauen im Alter von 25 bis 35 Jahren ist zwischen 1972 und 1990 von etwa 200 000 auf 760 000, also in 18 Jahren fast auf das Vierfache angestiegen. Die Zahl der allein lebenden Frauen im Alter von 35 bis 45 Jahren hat sich im gleichen Zeitraum mehr als verdoppelt*.

– Nach Erika Spiegel ist das durchschnittliche Alter von Frauen bei der ersten Heirat im Zeitraum von 1970 bis 1991 von 23 Jahren auf 26,2 Jahre gestiegen, das durchschnittliche Alter der Frauen bei der Geburt ihres ersten Kindes von 24,3 auf 27,1 Jahre.

* AG Riedmüller/Glatzer/Infratest 1991, sämtliche Zahlen beziehen sich auf den Mikrozensus der alten Bundesländer.

– Auffällig ist, dass Töchter ca. drei Jahre früher aus dem elterlichen Haus bzw. der Wohnung ausziehen als Söhne.

– Es sind doppelt so viele Frauen wie Männer, die die Scheidung einreichen. Deutlich ablesbar ist auch die geringere Neigung der Frauen, zum zweiten oder dritten Mal eine Ehe einzugehen.

– Die Zunahme an Ein-Personen-Haushalten (in den Städten liegt der Anteil bei etwa 62%) entspricht aber auch den Anforderungen einer Beschäftigungspolitik, die eine hohe Flexibilität und Unabhängigkeit verlangt. Hier stehen sich wirtschaftliche Interessen und das gesellschaftliche Interesse an einer nachwachsenden Generation diametral gegenüber.

Aus der Summe der oben genannten Gründe setzt sich eine Spezialisierung und Differenzierung auf dem Gebiet des Wohnens durch, deren Motor meist Frauen sind.
Die Frauen hatten bis in die Nachkriegszeit eine gewisse Allzuständigkeit für das häusliche Zusammenleben der gesamten Familie. Diese Allzuständigkeit wird heute von Frauen immer häufiger aufgekündigt. An die Stelle der Familie ist eine Vielzahl von Haushaltstypen getreten, die ihre schnelle Verbreitung vor allem der Tatsache verdanken, dass sie sich den jeweiligen Bedürfnissen bestimmter Lebensphasen und Lebenssituationen anpassen können: Hausgemeinschaften, Wohngemeinschaften, Paarhaushalte, Singlehaushalte…

Es erstaunt also nicht, dass die traditionelle Haushaltsform Vater/Mutter/1–2 Kinder immer seltener wird. Bei der Planung von Wohnraum und Wohnumfeld ist somit nicht mehr von einer Standardeinheit auszugehen, die für eine Standard-Familie mit zwei Elternteilen und zwei Kindern zugeschnitten ist und einen Alleinverdiener vorsieht, wie es das Leitbild der letzten Jahrzehnte war.

Der ursprünglich an uns herangetragene Themenschwerpunkt dieses Buches – Einfamilienhäuser von Architektinnen gebaut – wurde deshalb von uns erweitert, um den sich stärker ausdifferenzierten Wohnformen Rechnung zu tragen.

Zwischen Traum und Wirklichkeit

Wer hat noch nicht vom eigenen Haus mit viel Platz und großem Garten geträumt, davon, keinen Ärger mit oder über Nachbarn zu haben, weil sie weit genug entfernt sind?
Wem würde es nicht gefallen, das Haus und den Garten so gestalten zu können, wie wir es uns selbst wünschen, geprägt von der Erinnerung an das Ferienhäuschen in Dänemark, an den Urlaub auf einer Mittelmeerinsel oder an das Landhaus in der Provence?

Was bedeutet dies aber in seiner Konsequenz? Wo beginnt der Freiraum zur Isolation zu werden?
Wer kennt sie nicht, die typischen Einfamilienhausgebiete, in denen die Frauen tagsüber allein in ihren gepflegten Gärten hungrig nach jedweder Art von Austausch leben. Wer kennt sie nicht, die älteren Ansiedlungen, in denen die junge Generation längst ihrer Wege gegangen ist, wo die alten Leute, oft schon allein lebend, den Platz gar nicht mehr nutzen können und ihnen die vielen Räume längst zur Last geworden sind.
Wie flexibel sind unsere Häuser, unsere Traumhäuser? So flexibel, dass wir sie bei Veränderungen im Laufe eines Lebens umnutzen können? Oder akzeptieren wir Unveränderbarkeiten und nehmen sie jeweils zum Anlass für einen Ortswechsel?

Wer in einem Gebiet mit freistehenden, so genannten Einfamilienhäusern gelebt hat, weiß, dass es dort neben der guten Luft und dem schönen Garten im Sommer auch Nachteile gibt: Es sind lange Wege zum nächsten Laden, zur nächsten Poststelle oder Apotheke zurückzulegen. Versorgungseinrichtungen für den täglichen Bedarf lassen sich in solchen wenig dicht besiedelten Gebieten wirtschaftlich kaum führen. Das bedeutet, immer auf ein eigenes Auto angewiesen oder wenig mobil und unterversorgt zu sein.

Die Grafik rechts macht deutlich, wie wichtig eine gute Infrastruktur ist, da Besorgungen immer unterwegs »nebenbei« erledigt werden. Insbesondere bei Teilzeit arbeitenden Elternteilen, die für Kinder oder Pflegebedürftige zuständig sind, wird der Anteil der Wegzeit bei weit auseinanderliegenden Orten immer ungünstiger.

Gerne werden als Argumente bei den Überlegungen für ein Haus außerhalb der Stadt bzw. des Ortes die Kinderfreundlichkeit oder das preiswerte Grundstück eines solchen Wohngebiets an der Peripherie angeführt. Aber sind das die wirklichen Gründe? Für welche Lebensphase der Kinder trifft dies wirklich zu? Spätestens mit dem achten Lebensjahr suchen Kinder ihre Abenteuer außerhalb des elterlichen Gartens. Und was die Kostengegenüberstellung betrifft, werden da Fahrt- bzw. Lebenszeiten und Fahrtkosten für alle Wege mit einbezogen?

Was ist es denn, so fragten wir uns, was so viele an dem Traumhaus festhalten lässt? Sind es Prestigegründe? Spielt die Vorstellung eine Rolle, der Dichte und damit der ständigen Auseinandersetzung mit anderen Menschen entfliehen zu können, und zumindest in diesem Teilbereich endlich tun und lassen zu können, was wir wollen? Ist es unser sich immer stärker ausprägender Wunsch nach Individualität? Wieviel Nähe können wir positiv erleben? Ist es wirklich nur ein ökonomischer Gesichtspunkt, der manche Menschen für eine größere Wohndichte einnimmt?

Wie gehen die Architektinnen mit dieser Aufgabe um? Nehmen sie und ihre Auftraggeberinnen oder Auftraggeber Veränderungen des

Durchschnittliche Wege

bei Frauen   bei Männern

Lebens auf? Wie spiegelt sich der Zeitgeist im »offenen Wohnungsgrundriss« wider? Was bedeutet der offene Grundriss im Inneren des Hauses und was die Abgrenzung nach außen? Wie lebt es sich hier als Erwachsene/r, Mutter oder Vater, Berufstätige/r, zeitweilig vielleicht ohne Erwerbsarbeit oder zu Hause arbeitend, als Kind, Jugendliche/r, Senior/in?

Wir haben in diesem Buch Um- und Anbauten, so genannte Einfamilienhäuser, Reihenhäuser, Gemeinschaftshäuser und Mehrwohnungshäuser nebeneinander gestellt.

Das Thema Wohnen ist immer wieder verbunden mit alten, aber auch vielen neuen Fragestellungen.
Wir leben heute anders als vor zwanzig oder dreißig Jahren. Die abgebildeten Beispiele sollen dazu anregen, über die eigenen Wohnbedürfnisse nachzudenken und bestmögliche Lösungen für sich selbst zu finden.

Projekte der Architektinnen

Im vorliegenden Bildband wird deutlich, wie unterschiedlich die Aufgabenstellungen und Lösungen für das Wohnen und deren Umsetzungen in Architektur sein können.

Louisa Hutton zeigt mit ihrem L-Haus in London, wie ein viktorianisches Haus zu einer Farbsinfonie werden kann, in dem sich Räume fast auflösen. Auch Winka Dubbeldam arbeitet bei ihrem Loft in New York mit sich überlagernden Zonen, den »connective cuts«, wie sie sie nennt. Sie schafft Wände, die sich herauszukrümmen scheinen. Die Erweiterung der Sehgewohnheiten liebt auch Ute Pieroeth. Mit ihrem Dachausbau in Köln schafft sie bewusst Irritationen und setzt diese teilweise für ganz pragmatische Zwecke ein, wie zum Beispiel einen scheinbar herunterkippenden Container, der die Sichtbeziehung zur Straße erleichtert. Bei allen drei Beispielen herrscht die Freude an der eigenwilligen Uminterpretation des Bestandshauses vor. Hier wird sichtbar, dass selbst in einer relativ kleinen Bauaufgabe im wahrsten Sinne des Wortes fantastische Möglichkeiten liegen.

In den verschiedenen Formen der Anbauten spiegelt sich ein breites Spektrum an Architekturauffassungen wider: Sie werden entweder als Ergänzung frei vor das Haupthaus gestellt wie zum Beispiel bei Dorothea Becker, Doris Gruber, Berta Heyl und Christa Reicher oder eng mit dem Haupthaus verwoben wie bei Susanne Hug und Ulrike Halfmann.

Christa Reicher und Doris Gruber bilden durch ihre interessanten Glasanbauten klimatisch geschützte Räume als Zwischenbereiche zwischen innen und außen.

Was sich als neue Tendenz ankündigt, ist eine »Atomisierung« von Wohngebäuden, das heißt eine zunehmende Anzahl von Ein- oder Zwei-Personen-Häusern, wie bei Gabriele Richter, Myriam Claire Gautschi, Franziska Ullmann, Andrea Rehm, Susanne Hug, Christine Jantzen, Kazujo Sejima und Petra Hüttinger.

Die Ursachen hierfür liegen häufig in sich verändernden Lebenssituationen, die dann ihren baulichen Ausdruck finden. So wurde beispielsweise ein neuer Lebensabschnitt der Bauherrin für das Projekt von Myriam Claire Gautschi zum Auslöser. Die Kinder, längst erwachsen, hatten ihre eigenen Wohnvorstellungen und Orte gefunden. Sowohl die Bauherrin von Myriam Claire Gautschi als auch die von Gabriele Richter suchten einen Lebensraum, der nicht durch zu viel Größe belastend sein sollte und ohne Treppensteigen zu erreichen ist. Im ersten Projekt ist die zentrale Idee ein »Lebensmuseum«, ein der Länge des ganzen Gebäudes sozusagen als Rückgrat dienender Wandschrank für die vielen Lebenserinnerungsstücke. In dem anderen Projekt liegt der Schwerpunkt auf der Schaffung räumlicher Nähe zu anderen Freundinnen und Freunden zwischen vierzig und fünfzig Jahren, die sich so frühzeitig auf die zweite Lebenshälfte vorbereiten.

Bei dem Haus von Franziska Ullmann lag der Antrieb der Bauherrin für den Bau des Hauses in der Suche nach einem Erholungsraum und Ruhepol für sich allein, als Ausgleich zu ihrem anstrengenden Berufsleben.

Das Projekt von Eva von der Stein setzt sich wieder auf eine andere Weise sehr pragmatisch mit den Veränderungen im Lebenszyklus der Familie auseinander: Sie strukturierte das für eine Familie gebaute Haus mit innen liegender Treppe komplett um zu einem Wohnhaus mit zwei kleineren Wohnungen, wovon eine auch als Büro nutzbar ist.

Diesen Aufwand der baulichen Umstrukturierung zu vermeiden beziehungsweise zu minimieren, darum geht es bei dem Projekt von Gisela Kaiser mit der Idee des Starterhauses. Die Architektin ist überzeugt, dass gesellschaftliche Veränderungen bereits im Vorfeld eingeplant werden können. Das Projekt sieht eine Erweiterungsphase im Dachgeschoss vor. Die Lage der inneren Erschließung ermöglicht es, diese auch zu einem »neutralen« Treppenhaus umzuwandeln und damit relativ leicht das Haus horizontal aufzuteilen, zum Beispiel für eine ältere, allein stehende Person oder für erwachsene Kinder.

Die zentralen Fragen, inwieweit Lebensveränderungen mitgeplant werden können, ob wir uns für ein Leben als Single oder in Gemeinschaft entscheiden, werden uns sicherlich die nächsten Jahrzehnte beschäftigen. In den Städten leben, wie bereits eingangs beschrieben, über 62 Prozent der Bevölkerung als Single. Möglicherweise ist diese Form des Alleinlebens aus den unterschiedlichen Beweggründen heraus kombinierbar mit den Vorzügen des Lebens in Gemeinschaft? Hier eröffnet sich – je nach individueller Kontaktfreudigkeit – das Spektrum vom Mehrwohnungshaus von Odile Decq über das Wohngemeinschaftshaus von Doris Schmid-Hammer bis hin zum Gemeinschafts-Wohnhaus von Beata Huke-Schubert, dem low-budget Single- und Wohngemeinschaftsprojekt von Laufner + Ernst und den studentischen Wohnmodellen von Pirjo Sanaksenaho. Gerade bei dem zuletzt genannten Projekt von Pirjo Sanaksenaho werden verschiedene Abstufungen des Teilens von Wohnraum gezeigt. Mal ist es nur ein Gemeinschaftswohnraum, der zusammen genutzt wird, mal auch die Küche, mal Küche und Bad. Solche Projekte, zudem ausgestattet mit einem kleinen Restaurant und Serviceangeboten, bieten durchaus Alternativen zum individuellen Gartenhaus. Hier ließe sich anknüpfen an Projekte aus den zwanziger Jahren des 20. Jahrhunderts, deren Utopien und Erfahrungen in unsere heutige Zeit übersetzt werden können.

Durch die Verknüpfung von verschiedenen Lebensmodellen mit den dafür entwickelten Gebäuden werden folgende Aspekte deutlich: entweder muss das Haus sich verändern und anpassen können oder wir selbst müssen bereit sein, unsere Umgebung zu verlassen bzw. zu verändern. Gerade in einer Lebensphase des Aufbaus, in der sich viele ihr »Haus fürs Leben« bauen, scheinen solche Überlegungen weit entfernt – und doch sind sie von grundsätzlicher und folgenreicher Bedeutung. Die Vorstellung, mit einem eigenen Haus für sich und die Familie einen Ort zu haben, der Sicherheit und Identität vermittelt, ist häufig langfristig genau dazu nicht allzu geeignet. Nicht selten sind es genau diese Häuser, die später ihren Bewohnerinnen und Bewohnern eine nicht immer freiwillige räumliche Veränderung abverlangen.

Da die Planung vor dem Bauen immer ein Stück Vorwegdenken bedeutet und ein Stück Utopie aus dem Jetzt heraus entwickelt, sind die Selbsterkenntnis und das Verstehen von gesellschaftlichen Veränderungen von fundamentaler Bedeutung. Wir möchten mit diesem Buch dazu beitragen, sich den beschriebenen Fragen mit Lust zu stellen. Durch die vielfältigen, sehr unterschiedlichen Projekte hoffen wir, Anregungen geben zu können, und wünschen den Leserinnen und Lesern eine immer stärker wachsende Neugier und Freude, an diesen Entwicklungen teilzuhaben.

Odile Laufner, Monika Ernst

Seite 20
Seite 26
Seite 30
Seite 34
Seite 38
Seite 40
Seite 44
Seite 46
Seite 50
Seite 54
Seite 58
Seite 62
Seite 66
Seite 70
Seite 74
Seite 78
Seite 82
Seite 88
Seite 92
Seite 96

Seite 100
Seite 104
Seite 108
Seite 112
Seite 116
Seite 120
Seite 124
Seite 128
Seite 132
Seite 136
Seite 140
Seite 144
Seite 150
Seite 154
Seite 158
Seite 162
Seite 168
Seite 172
Seite 176
Seite 180
Seite 186

Loft eines Kunstsammlers

»fields of occupation« in Soho

Der Bauherr, ein Investment-Banker und Kunstsammler, der vor allem in London lebt, suchte ein Zuhause, das es ihm ermöglichte, seinen Lebensmittelpunkt nach New York zu verlegen. Winka Dubbeldam baute ein 5000 Quadrat-Fuß großes Loft im 4. Stock eines zu Wohnzwecken umgebauten Gewerbe-Gebäudes in ein eigenwilliges Wohn-Kunst-Gebilde um.

Die Architektin schuf »fields of occupation«, wie sie es nennt, durch eine Differenzierung unterschiedlicher Privatheit und deren Ausdruck in der Materialwahl. Der durchgängig neue, nahtlos saubere Sichtbetonboden wurde in den privateren Bereichen durch helle Eichendielen ersetzt. Die Wohnung untergliederte sie in verschiedene sich überlagernde Zonen, sogenannte »connective cuts«: »Ich wollte Zonen schaffen, die ineinander fließen, und so wenig trennende Wände und Türen wie möglich errichten.«

Am Eingang platzierte Winka Dubbeldam eine Wand mit einem horizontalen Schlitz, der die Räume dahinter erahnen lässt. Diese Wand begrenzt den Küchen- und Essbereich mit einer langen, schwingenden Frühstücks-Theke. Hier befindet sich das großzügige Zentrum der Wohnung. Zwischen Eingang und Wohnbereich bildet ein Kamin, durch den man hindurchsehen kann, eine Art leuchtende Trennung.

Die Wohnzone wird unterteilt in zwei Sitzbereiche, die durch einen glatten, drehbaren Flachbildschirm verbunden sind und an den sich die weite Dachterrasse anschließt. Mit Hilfe von zwei langen Aluminiumbänken, optisch innen und außen ineinander übergehend, sowie durch die Decke, die sich in einer auskragenden Glasplatte nach außen verlängert, wird die räumliche Erweiterung von Wohnraum und Terrasse zelebriert.

Im westlichen und östlichen Teil des Lofts sind die eher intimen Bereiche angeordnet. Eigenwillig gewölbte Wände aus transluzentem Sumi-Glas und rostfreier Stahltragkonstruktion begrenzen die Rückzugsräume. Hier befinden sich zwei Gästezimmer, ein Arbeitszimmer mit Bibliothek, sowie das Schlafzimmer und Bad des Hausherrn. Die Schlafzonen wurden introvertiert gestaltet. Intimität wird hergestellt durch sandgestrahlte Außenfenster, die mit Stoff verhangen vor dem hellen Ostlicht schützen und eine relativ uninteressante Aussicht verbergen.

Das Bad soll an ein Boot erinnern, schreibt die Architektin. Aus Fiberglas und Polyester mit wasserfesten blau-lila Farbpigmenten überspachtelt, wird der gesamte Raum zur Einheit von ineinander übergehenden Oberflächen. Die Armaturen aus Edelstahl kontrastieren die Farbflächen und bilden einen Gesamteffekt, den der Bankier erfreut beschreibt als »abenteuerlich und ein bisschen schockierend«.

Die Materialien Wildleder, Leinen, Walnussholz sowie besondere Details wie zum Beispiel kleine Nischen im Bad für Seife, mit Niedervolt-Lampen beleuchtet, gestalten die Wohnung zu einem Kunst- und Luxusobjekt.

Winka Dubbeldam

1978–1990 Architekturstudium an der Academy of Art, Rotterdam
1983-1986 Mitarbeit im Office of Metropolitan Architecture (OMA) und BOA, Rotterdam, Holland
ab 1990 Mitarbeit in diversen Architekturbüros in New York: Steven Holl, Tschumi, Eisenmann
1991–1992 Postgraduiertenstudium an der Columbia University, New York
1994 Gründung von Architekturbüro und Kunstgalerie Archi-Tectonics, New York
ab 1994 Lehraufträge an der Columbia University, New York; University of Kansas; Briey, Frankreich, University of Pennsylvania, Philadelphia; Academie of Architecture, Rotterdam
seit 1993 Tätigkeit als Preisrichterin

Blick zur Glaswand

Blick zum Schlafzimmer

Befestigung der neuen Küchenbar an einer der alten Holzstützen der Fabriketage

Blick in die offene Wohnküche, Computergrafik

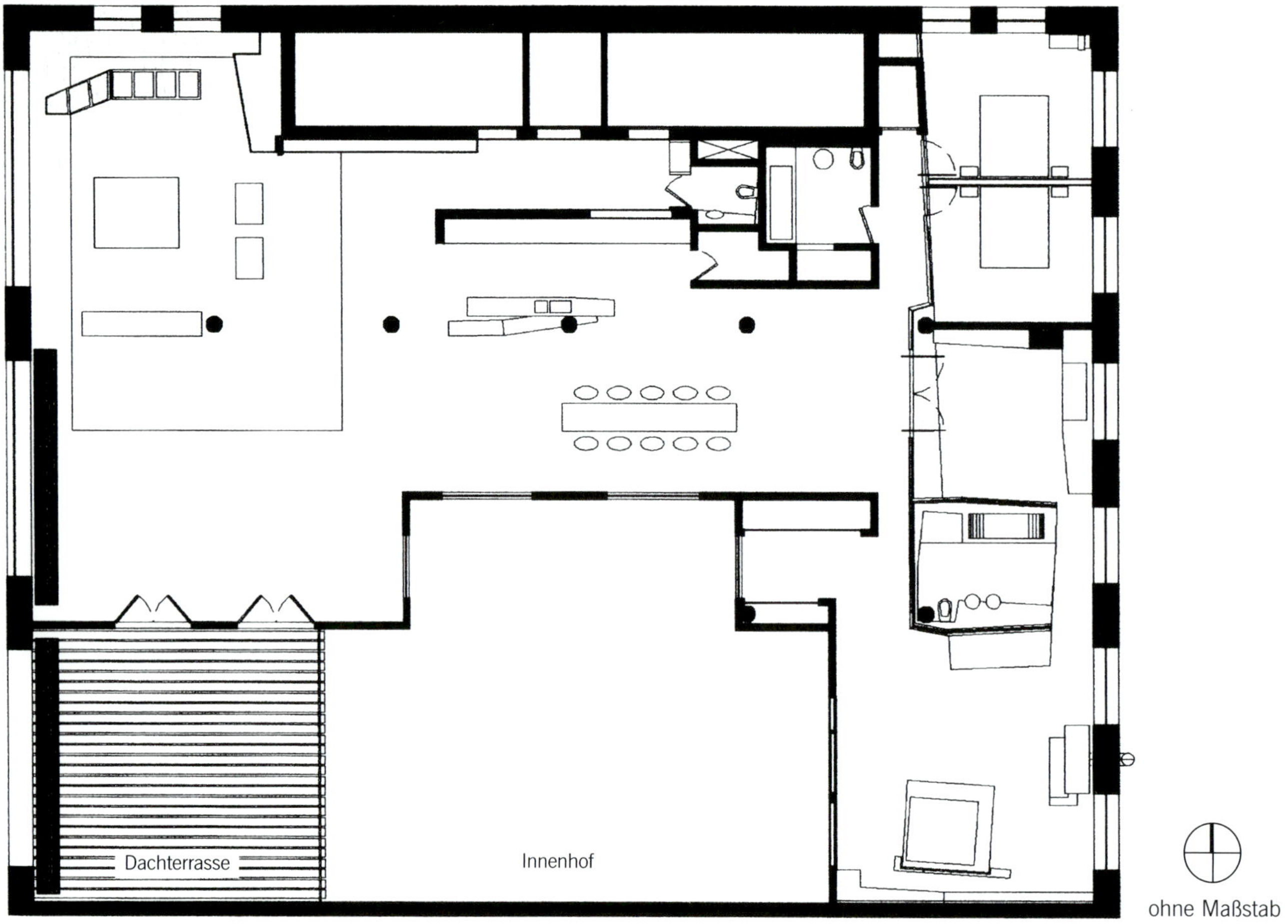

Dachterrasse

Innenhof

ohne Maßstab

Loftetage

Blick von oben auf die Einbauten, Computergrafik

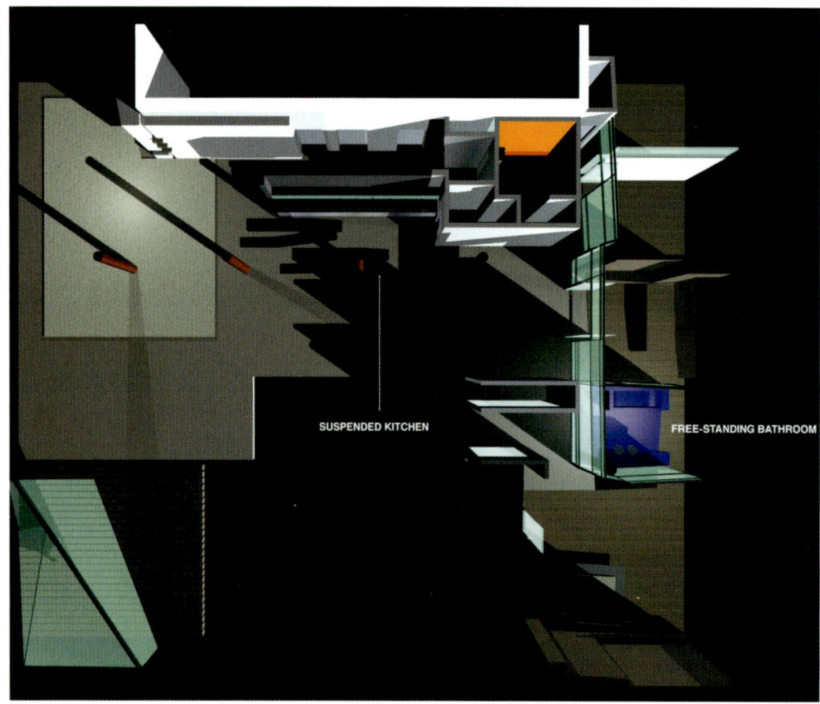

Projektinfo

Federführung:	Winka Dubbeldam, New York, Architekturbüro Archi-Tectonics
Baujahr:	Fertigstellung 1998
Standort:	Soho, New York
Wohnfläche:	465 m^2
Anzahl der Bewohner/innen:	1 Person
Fotos:	Paul Warchol, New York

Bad als blaues Boot

Toilettenraum in Edelstahl

Bad mit beleuch-
teter Nische

Eine Farbsinfonie

»I-house« in London

Das vierstöckige viktorianische Gebäude wurde komplett umgebaut. Unten entstand ein zweigeschossiges Büro und darüber eine Maisonette-Wohnung.

Die Architektin löste die zellenhafte Struktur des Ursprungshauses weitgehend auf – das oberste Geschoss wurde sogar bis auf die Außenwände entkernt. Das Haus wird zu einer Abfolge großer Volumen, die teils farbig und teils in Holz gestaltet sind und entweder neue Räume formen oder alte Räume neu definie-ren. Mit jeder Etage erhöht sich die Farbintensität. »Die Wände des obersten Raumes sind so weit dematerialisiert, dass er vollständig aus Farbe zu bestehen scheint«, schreibt Louisa Hutton.

Durch die Auflösung des Dachs – das komplette Dach des Gebäudes ist verglast – wird der Himmel zum Hintergrund, der die Atmosphäre im Inneren ständig verändert und durch die Farbigkeit ganz spezielle visuelle und räumliche Eindrücke entstehen lässt.

Louisa Hutton

1957	geboren in Northwich, England
1980	First Class Honours Degree an der Bristol University
1985	Diplom an der Architectural Association, London
1990–1997	Lehrtätigkeit am Croydon College of Art, Unit Master an der Architectural Association, London
seit 1989	Bürogemeinschaft mit Matthias Sauerbruch Gastvorlesungen an zahlreichen Universitäten im In- und Ausland
seit 1996	zahlreiche Preise und Anerkennungen

Blick durch das Glasdach
in die oberste Etage

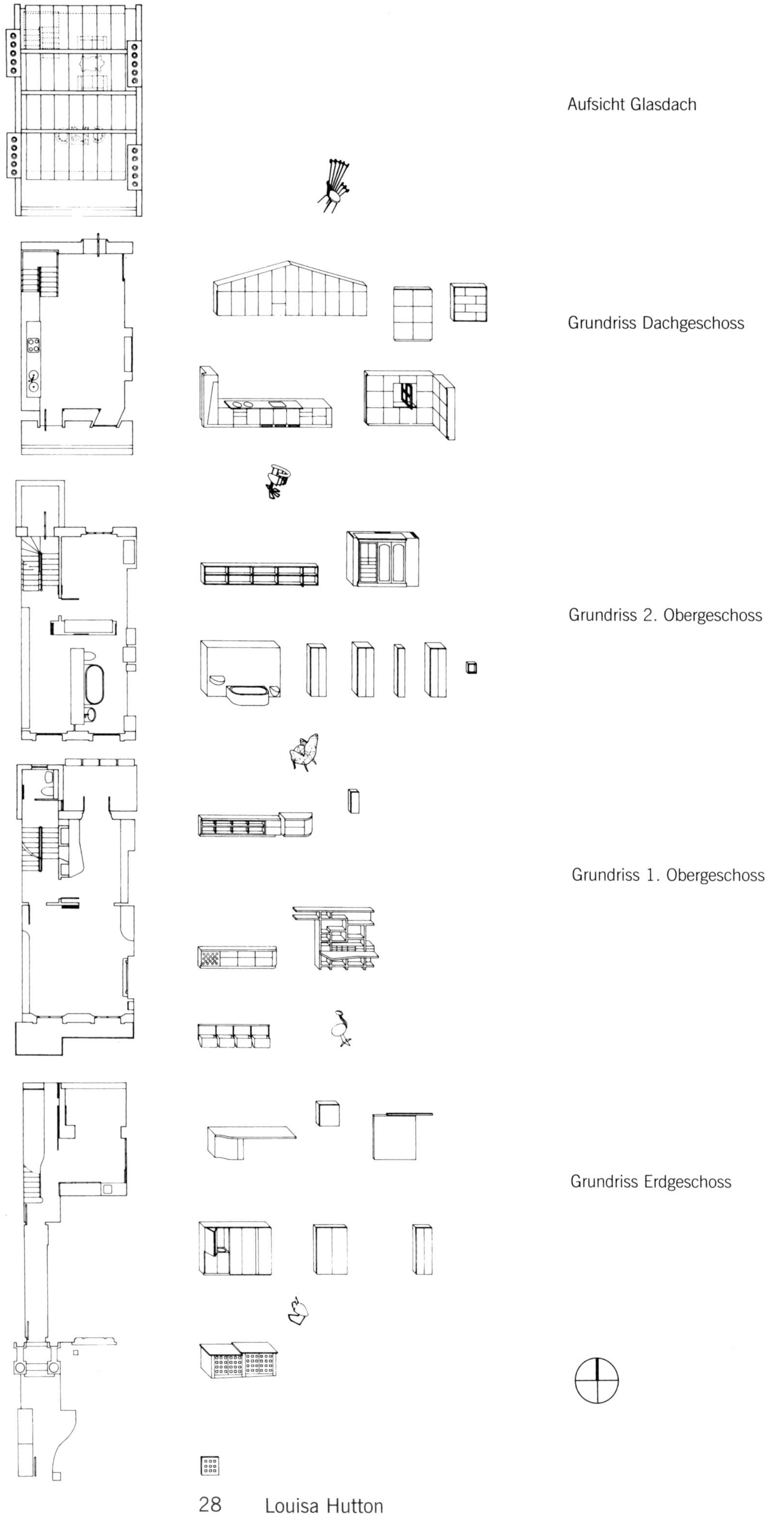

28   Louisa Hutton

Projektinfo

Federführung:	Louisa Hutton arbeitet in Bürogemeinschaft mit Matthias Sauerbruch. Die Federführung zu diesem Projekt lag bei Louisa Hutton.
Baujahr:	Fertigstellung 1992
Standort:	London
Wohn-/Nutzfläche:	170 m²
Anzahl der Bewohner/innen:	2 Personen
Fotos:	Hélène Binet, London: S. 26 re., 28 Mitte, unten Michael Claus, Berlin: S. 27 Charlie Stebbings, Berlin: S. 28 oben Udo Hesse, Berlin: S. 26 links

Von oben:
Wohnküche im Dachgeschoss
Küchendetail
Treppenaufgang mit
Schrankelementen

Verdrehtes Kleinod

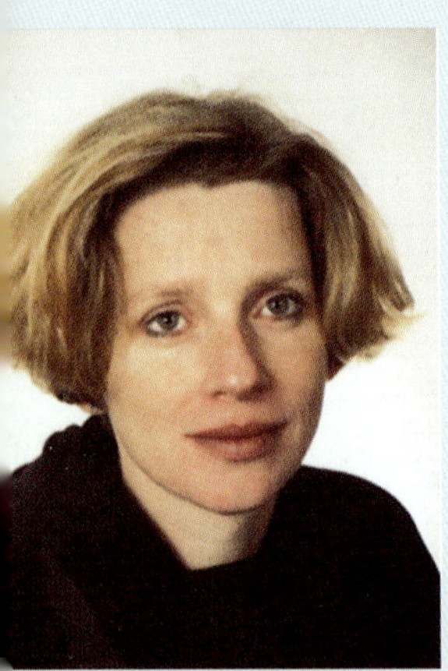

Um- und Anbau eines Wohnhauses am Waldrand in Pappritz

Die emotionale Bindung des Bauherrn an das Haus seiner Großeltern sowie die geschickte Planung der Architektin führten dazu, dass das Ursprungshaus nicht abgerissen, sondern saniert und mit einem Anbau ergänzt wurde. Die fünfköpfige Familie benötigte zusätzlichen Raum für einen Wohn- und Essbereich, der in dem neuen Hausteil untergebracht werden sollte.

Zielsetzung von Dorothea Becker war es, die »außergewöhnliche Situation des Waldrands und der steil abfallenden Topografie am Rand des Grundstücks in das Wohnerlebnis mit einzubeziehen und gleichzeitig das Erdgeschoss an den Garten anzubinden«.

Die Architektin kontrastiert den in sich stimmigen Altbau durch eine zeitgemäße Architektur des Anbaus in Holzständerbauweise. Ein leichtes Drehen des Anbaus und eine Glasfuge zwischen Alt und Neu betonen das Besondere dieses Baukörpers.

Der aufgeständerte Wohnbereich öffnet sich nach Süden in den Garten. Die vorgelagerte Loggia ist nach Osten seitlich geschlossen und bietet so einen geschützten Sitzplatz.

Das Haupthaus mit seiner kräftigen Ochsenblut-Farbe bildet mit dem naturbelassenen Holz des neuen Anbaus eine spannungsvolle und gleichzeitig harmonische Einheit.

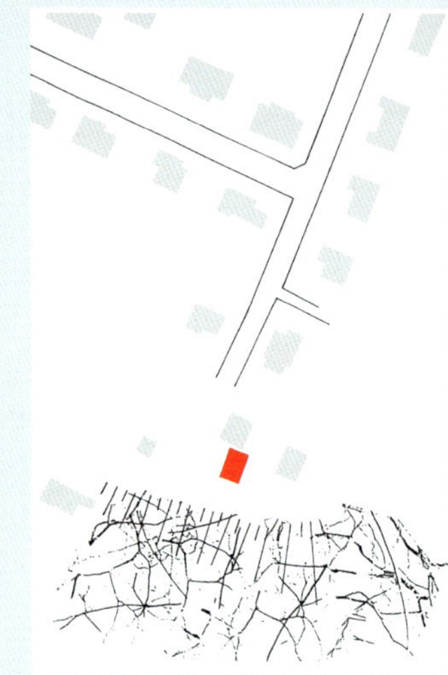

Dorothea Becker

1965	geboren in Neuburg/Donau
1984–1989	Architekturstudium an der TU München
1989–1990	Studium an der Polytechnic of East London, Head of School Christine Hawley
1991	Diplom an der TU München bei Prof. Angerer
1991–1992	Stadtplanungsamt Regensburg, Mitarbeit in der Abteilung »Altstadt und Sonderplanung«
01–07/1993	in der Bürogemeinschaft A 18, München
1993	Umzug nach Dresden
seit 1993	Büropartnerschaft mit Thomas Strauch-Stoll
seit 1998	Partnerin in der Bürogemeinschaft h.e.i.z. Haus Architektur + Stadtplanung
1993–1996	wissenschaftliche Mitarbeiterin am Institut für Städtebau und Regionalplanung, Prof. Schellenberg, TU Dresden
seit 1997	Mitglied des Vorstandes der Architektenkammer Sachsen
seit 1999	Professorin für Entwerfen und Architekturdarstellung an der Westsächsischen Hochschule (FH) Zwickau, Fachbereich Architektur

Projektinfo

Federführung:	Dorothea Becker arbeitet in Bürogemeinschaft mit Thomas Strauch-Stoll im Architekturbüro h.e.i.z.Haus. Die Federführung zu diesem Projekt lag bei Dorothea Becker.
Baujahr:	Altbau 1932; Umbau und Erweiterung 1994
Standort:	Pappritz
Grundstücksgröße:	ca. 1 000 m²
Wohnfläche:	126 m²
BRI:	740 m³
Baukosten:	1 750 DM/m² Gesamtnutzfläche
Anzahl der Bewohner/innen:	5 Personen
Fotos:	Büro h.e.i.z. Haus, Dresden Starke FotoDokumente, Dresden: S. 31 unten

Blick auf den Anbau
von Süden

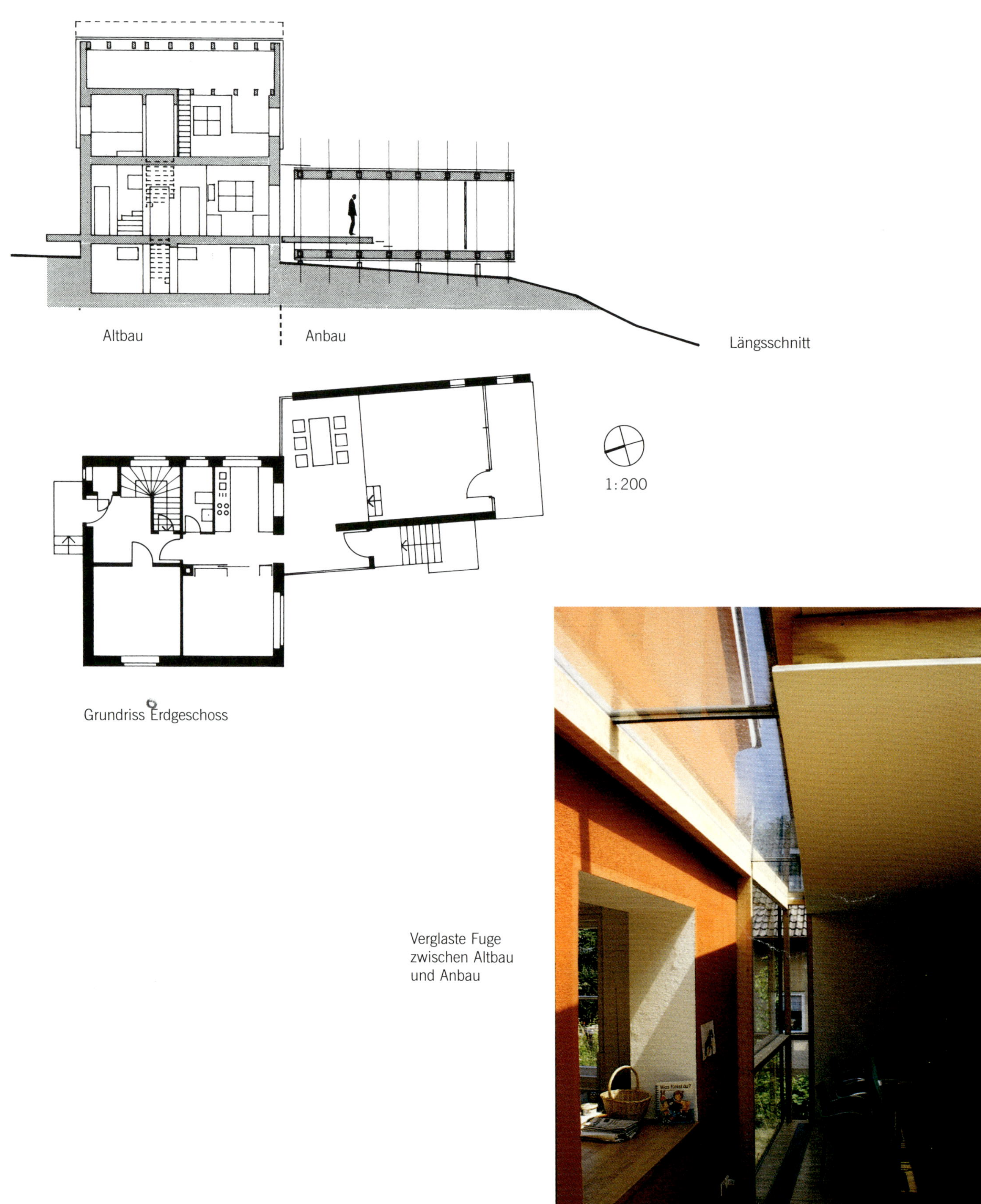

Altbau

Anbau

Längsschnitt

1 : 200

Grundriss Erdgeschoss

Verglaste Fuge
zwischen Altbau
und Anbau

Aufgeständerter Anbau,
holzverschalt

Neuer zusätzlicher Eingang

Außenraum
hinter Glas

Anbau an eine alte Villa in Berlin

Wer kennt nicht das Bedürfnis, in den Übergangsjahreszeiten geschützt durch eine Hauswand und eine »Glashaut« schon oder noch draußen sitzen zu können? Doris Gruber stellte einen zweigeschossigen Glaskörper vor die massive Hauswand und schuf damit einen solchen geschützten Gartenbereich.
Sie kontrastierte die filigrane Stahl-Glaskonstruktion mit der massiven, verputzten Steinfassade aus den dreißiger Jahren. Durch die Überschiebung nach Westen wird eine Teil-Südbesonnung und damit die Erwärmung des gläsernen Raums erreicht.

Auch die Ausbildung der Überdachung dient der Lichtführung: die Decke ist aus transluzentem Kapillarglas mit Lichtlenk-Elementen, über die gezielt Licht in die oberen Räume des Hauses geführt wird. Ein umlaufendes, horizontal dreifach geteiltes Fensterband mit Öffnungsklappen dient der Belüftung.

Die Anbindung des neuen Bauteils an das bestehende Gebäude wurde über einen Stahlrahmen erreicht, der vor das Mauerwerk gestellt und mit dem Holztraggerüst verbunden wurde. Ein roter Anstrich setzt den Rahmen optisch vom Mauerwerk ab und betont die jeweilige Eigenständigkeit der Baukörper.

Der Weg vom Haus in den Garten führt durch den gläsernen Wintergarten und – eine besondere gestalterische Raffinesse – nicht durch eine Glastür, sondern durch eine Tür aus massivem, grünlackiertem Holz. Auch hier wird mit der Kontrastierung von Transparenz und Geschlossenheit gespielt.
Entstanden ist eine spannungsreiche Komposition mit einer wohltuenden Zurückhaltung in der Detaillierung und Materialwahl.

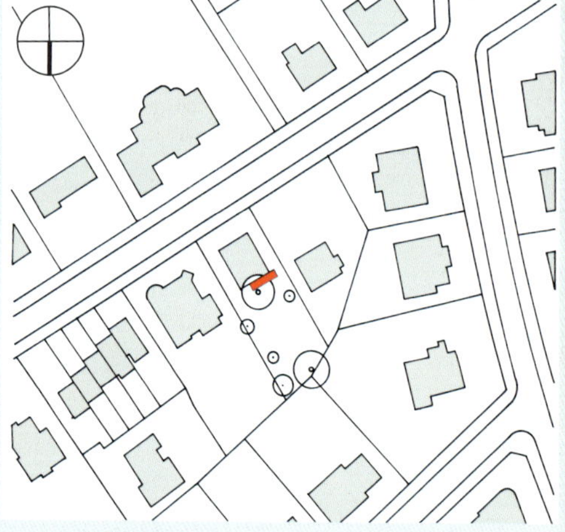

Doris Gruber

1963	geboren in Kempten/Allgäu
1983	Abitur
1986	Gesellenprüfung als Tischlerin
1986–92	Architekturstudium in München
1989	freie Mitarbeit bei Liebreich Design, New York
1992	Diplom
seit 1992	Bürogemeinschaft mit Bernhard Popp

Projektinfo

Federführung:	Doris Gruber arbeitet in Bürogemeinschaft mit Bernhard Popp. Die Federführung zu diesem Projekt lag bei Doris Gruber.
Baujahr:	1998
Standort:	Berlin
Wohnfläche:	23 m² neu, insges. 220 m²
Grundstücksgröße:	ca. 2000 m²
Anzahl der Bewohner/innen:	eine Frau und ihre Praxis
Baukosten:	5652 DM/m² (netto)
Fotos:	Hanns Joosten, Berlin

Anbau an eine alte Villa in Berlin   35

Überschobene Raumkörper,
um Südsonne einzufangen

Glaslamellen regulieren
die Lüftung.

Blick in das Astwerk der alten Kiefer

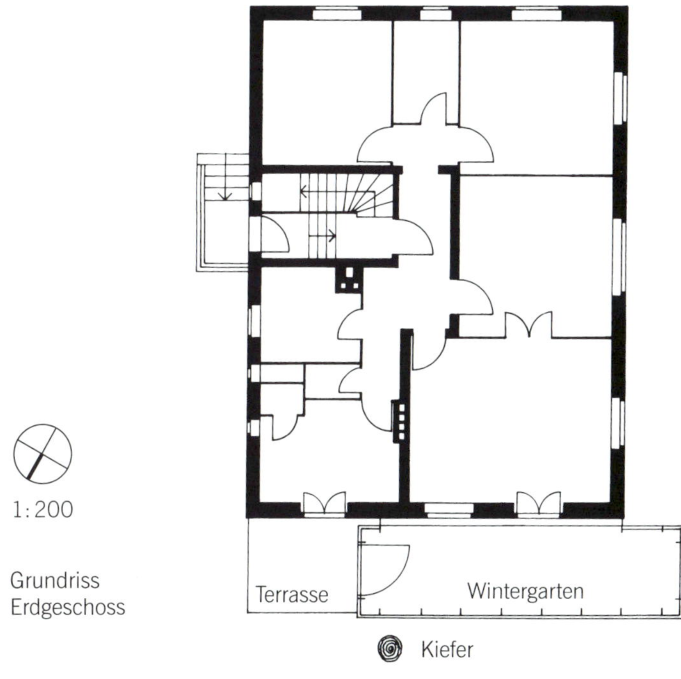

Grundriss
Erdgeschoss

Anbau an eine alte Villa in Berlin   37

Quergestellt

Vergrößerung und Umbau eines Reihen-Endhauses in Köln

Das Endhaus einer Reihenhauszeile aus den fünfziger Jahren sollte erweitert werden. Ulrike Halfmann nahm Bezug auf die topografische Situation eines vorhandenen geschosshohen Geländeversprungs zwischen dem Erdgeschoss, das sich auf Straßenniveau befindet, und dem Gartengeschoss, das eine Etage tiefer liegt.

Sie schuf einen schmalen Baukörper, der sich dem Haupthaus deutlich unterordnet, und setzte ihn durch eine verglaste Fuge ab. In dieser Fuge liegen der neue Zugang und die zentrale, einläufige Treppe, die das Erdgeschoss mit dem Gartengeschoss verbindet. Der alte Hauseingang wird zum separaten Zugang für die Einliegerwohnung im Obergeschoss.

Auf der Gartenseite verbindet ein zweigeschossiger, schrägverglaster Wintergarten das Ursprungshaus mit dem Anbau. Hier befindet sich auch der gemeinschaftlich genutzte Wohnbereich mit Essplatz und einer darüber liegenden Galerie.

Durch die zurückhaltende Art des Anbaus mit seiner schlichten Putzfassade nimmt die Architektin die Ausdrucksform der Häuserzeile auf und respektiert diese in ihrer Charakteristik.

Federführung:	Ulrike Halfmann arbeitet in Bürogemeinschaft mit Martin Halfmann. Die Federführung zu diesem Projekt lag bei Ulrike Halfmann.
Baujahr:	1996
Standort:	Köln
Grundstücksgröße:	478 m²
Wohnfläche:	353 m²
BRI ca.:	1 411 m³
Baukosten:	ca. 2 700 DM/m²
Anzahl der Bewohner/innen:	7 Personen in 2 Wohnungen
Fotos:	Jörg Hempel, Köln

1962	geboren in Aachen
1981–1982	Kunststudium an der RWTH, Aachen
1982–1989	Architekturstudium an der RWTH, Aachen Diplom mit Auszeichnung bei Prof. Wolfgang Döring
1989–1991	Mitarbeit im Architekturbüro Klaus Weißenfeldt, München
seit 1991	verheiratet mit Martin Halfmann
seit 1992	Bürogemeinschaft mit Martin Halfmann in Köln
1998	Geburt der Tochter Jana Marie

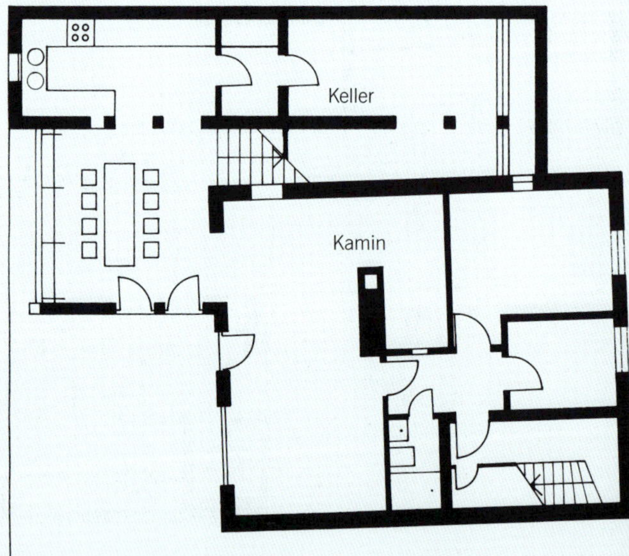

Grundriss
Gartenebene

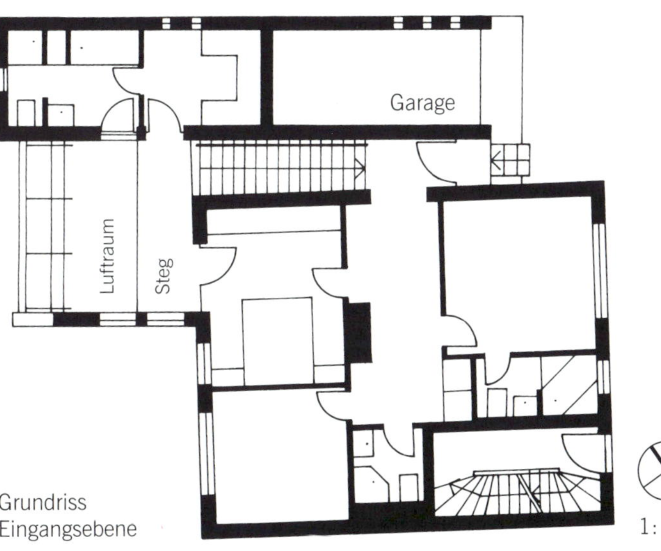

Gartenansicht

Essplatz auf der Gartenebene

Grundriss
Eingangsebene

1:200

Ein Haus wächst mit

Um- und Anbau eines Einfamilienhauses bei Karlsruhe

Eine junge Familie hatte vor einigen Jahren ein stadtnahes Einfamilienhaus aus den sechziger Jahren bei Karlsruhe erworben. Das Gebäude war mittlerweile renovierungsbedürftig und für fünf Kinder zu klein geworden. Trotz intensiver Suche ließen sich keine geeigneten Alternativen finden. So entschloss sich die Familie, das Wohnhaus zu modernisieren, umzubauen und zu erweitern.

Berta Heyl entwickelte einen Anbau für die Eltern, und das vorhandene Wohnhaus wurde zum »Kinderhaus« umorganisiert.

Der Anbau zeigt sich als neues Element und setzt sich in Material, Farbe und Form vom Ursprungshaus ab. Die vorgefertigte Holzkonstruktion des Anbaus wurde an einem Tag aufgestellt, der Ausbau konventionell mit Handwerkern vor Ort ausgeführt. Für den Umbau des alten Hauses konnte die Familie nur sechs Wochen ausziehen, das Haus war jedoch nicht vollständig von Mobiliar geräumt. In dieser Zeit mussten die Anschlüsse ans vorhandene Haus erstellt, die Werksteintreppe komplett ersetzt, alle Abbrucharbeiten wie Durchbrüche, Elektroschlitze und -installationen, Böden, Fenster, Ausbau der Dachgauben mit Duschbad und Gästezimmer sowie sämtliche Ausbaugewerke von Parkett und Natursteinböden, Maler- und Gipserarbeiten, Sanitär- und Schlosserarbeiten usw. geleistet werden.

Der Anbau will als Anbau zu erkennen bleiben und bezieht seinen Charme aus der Eigenständigkeit und Zwiesprache mit dem Ursprungshaus.
Die Unterschiedlichkeit von altem und neuem Gebäude zeigt sich auch in der Interpretation des Sonnenschutzes. Der Anbau wurde mit

Holzschiebeläden zum Schutz und zur Verdunkelung versehen, während der umgebaute Hausteil verstellbare Lamellen als Einbruch- und Sonnenschutz erhielt.

Durch das Zusammenspiel der Kontraste bei Farbe (rot – blaugrau), Außenmaterial (Putz – Holz) und Läden (Alulamellen – Holzschiebeläden) ergibt sich für das Gebäude ein neues spannungsvolles Gesamtbild.

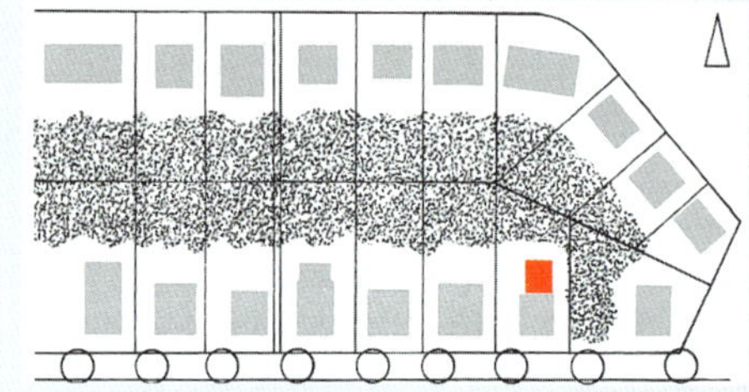

Federführung:	Berta Heyl arbeitet in Bürogemeinschaft mit Alexander Grünenwald. Die Federführung zu diesem Projekt lag bei Berta Heyl. Projektteam: Berta Heyl, Stefan Tampe Landschaftsarchitekt: Hubert Haller
Baujahr:	1997/98
Standort:	bei Karlsruhe
Grundstücksgröße:	820 m²
Wohnfläche:	ca. 260 m² Altbau + Erweiterungsbau
BRI:	ca. 150 m³ nur Erweiterungsbau
Baukosten:	ca. 2700 DM/m²
Anzahl der Bewohnenden:	2 Erwachsene und 5 Kinder
Fotos:	Martin Ritzert, Karlsruhe

1950	geboren
	Architekturstudium und Diplom an der Universität Karlsruhe
	Stipendium der Universität Manchester
	wissenschaftliche Mitarbeit am Institut für Städtebau, Universität Karlsruhe
	Mitbegründerin der Gruppe 4 Plus, Karlsruhe
	seit 1998 Partnerschaft mit Alexander Grünenwald, Karlsruhe

Links: Glasdach zwischen
Anbau und Geräteschuppen

Unten: Anbau mit
Schiebeläden

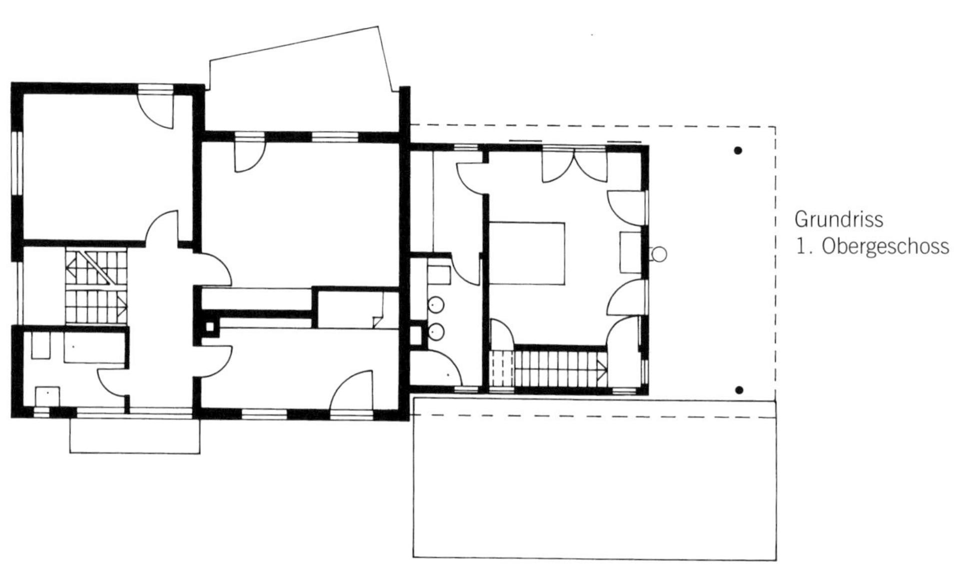

Grundriss
1. Obergeschoss

Grundriss Erdgeschoss
und Außenanlagen

1:200

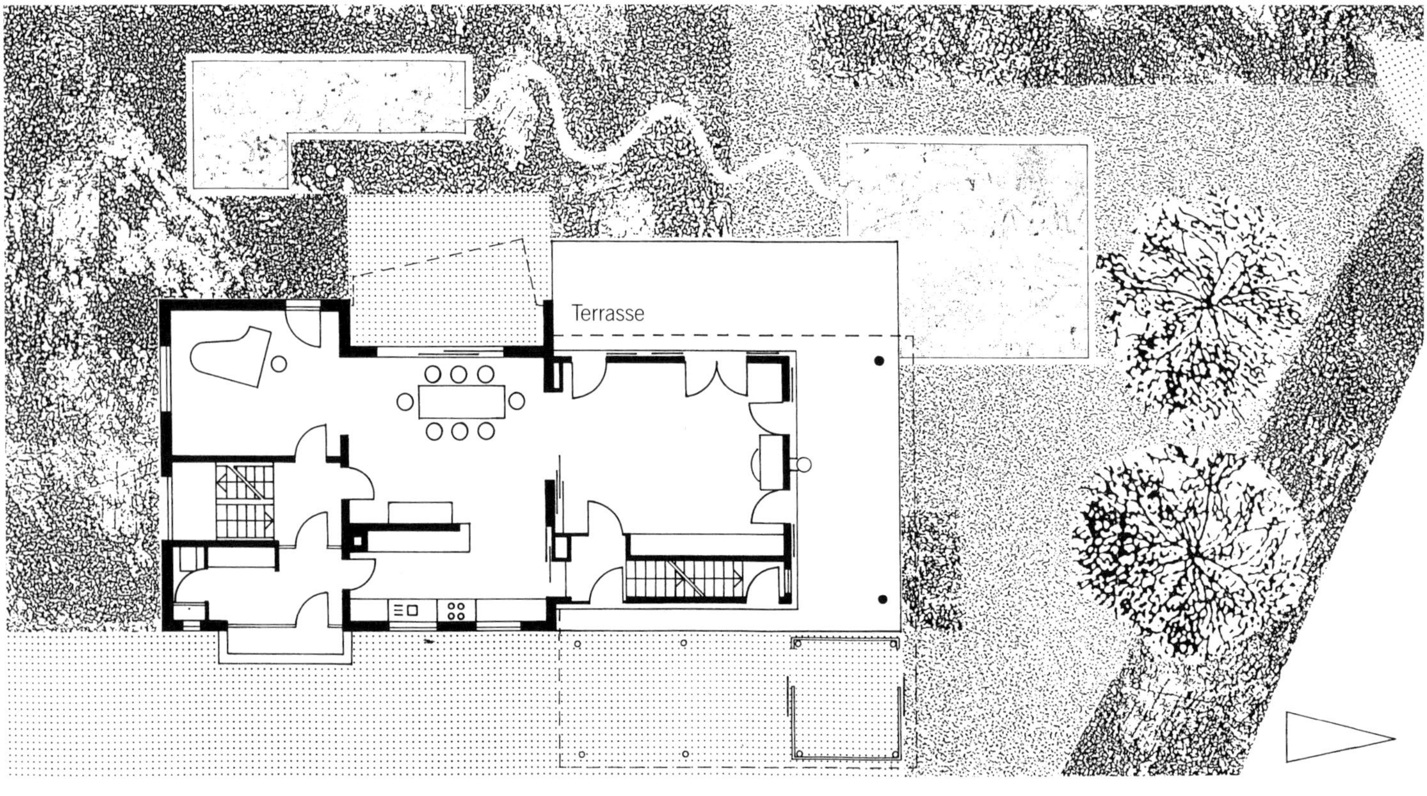

Terrasse

Links oben: Die neue ein-
läufige Treppe führt zum
Schlafzimmer der Eltern.

Links unten: Neues Bad für
die Eltern im Anbau

Wohnraum mit Kamin

Bruch und Verwobenheit

Umbau und Aufstockung in Friedberg

Der Anlass für den Umbau beziehungsweise die Aufstockung war die veränderte Familiensituation der Bauherrschaft, deren zwei heranwachsende Töchter eigene Zimmer für sich beanspruchten. Zudem benötigte der Hausherr mehr Platz für seine Hobbys.

Die Ausgangssituation bildeten zwei nebeneinander entstandene Fertighäuser aus verschiedenen Baujahren, die getrennt voneinander hätten existieren können. Im Erdgeschoss existierte bereits ein Durchbruch. Der eine Teil bestand aus einem anderthalbgeschossigen Gebäude mit Satteldach, der andere wurde durch ein weit nach Süden auskragendes Flachdach geprägt.

Eveline Jilg-Meiser veränderte die Erschließungssituation und zerlegte das Gebäude in seine plastischen Elemente. Im Erdgeschoss schuf sie im Anschluss an den Essplatz einen großen Wohnraum mit vorgelagerter Terrasse, im neuen Obergeschoss die beiden Zimmer für die Töchter mit einem gemeinsamen Balkon und einem zusätzlichen Duschbad.
Im Garten wurde eine Rampe eingebaut, die das Gebäude auch im Alter leicht zugänglich macht.

Die Architektin setzte bei ihrem Entwurf sehr stark auf die Kontrastierung von Alt und Neu und versuchte mit sehr verschiedenen Ausdrucksformen eine Art Streitgespräch zwischen den Architektursprachen zu schaffen. Ihr Projekt provoziert sicherlich, miteinander über den Umgang mit Architektur zu diskutieren.

Eveline Jilg-Meiser

1959	geboren Studium der Architektur und Stadtplanung an der Universität Stuttgart
seit 1989	Mitarbeit in verschiedenen Architekturbüros in Frankfurt a. M.
seit 1996	Gründung eines eigenen Büros mit Partner in Frankfurt a. M.
seit 1999	Gründung eines eigenen Büros in Mainhausen

Projektinfo

Federführung:	Eveline Jilg-Meiser, Mainhausen
Baujahr:	Bestand: Satteldachgebäude 1960, Flachdachgebäude 1974 Umbaumaßnahme: 1998/1999
Standort:	Friedberg
Grundstücksgröße:	573 m²
Wohnfläche:	174 m²
BRI ca.:	Bestand: 890 m³ Neubau: 410 m³
Anzahl der Bewohner/innen:	2 Erwachsene und 2 Kinder
Eigenleistungen:	Geringfügige Abbrucharbeiten, Gartengestaltung
Fotos:	Meyer + Kunz, Frankfurt

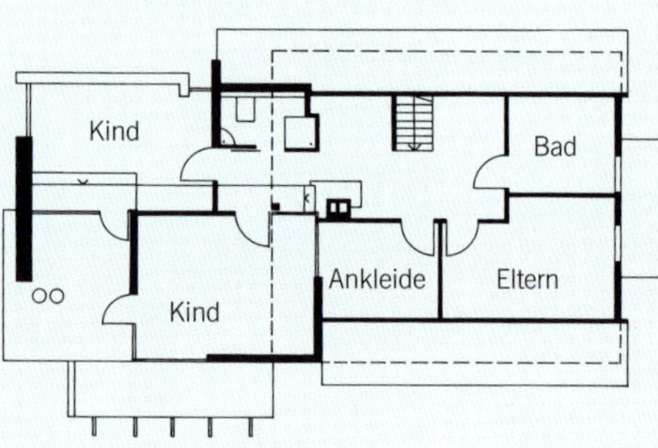

Grundriss Obergeschoss

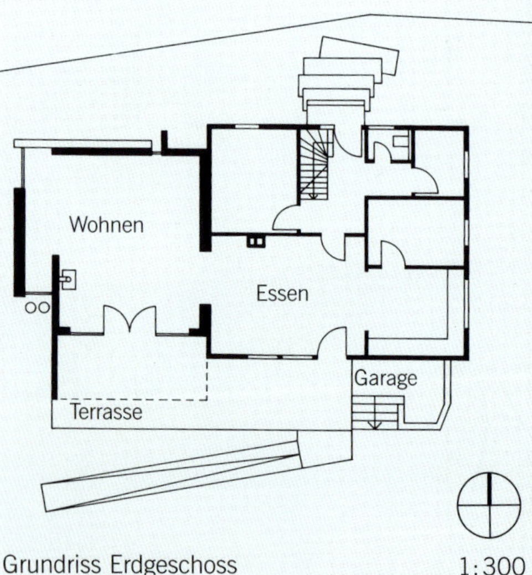

Grundriss Erdgeschoss   1:300

Gartenansicht

Teilansicht von der Straße

Neuer Wohnraum mit Natursteinzimmer

Spannungsvoller Dialog

Um- und Anbau in Vianden, Luxemburg

Christa Reicher

1960	geboren in Neuerburg
1979–1987	Architekturstudium an der RWTH Aachen und der ETH Zürich
1987–1988	Mitarbeit im Büro Charles Vandenhove in Lüttich, Belgien
1988	Hünnebeck Preis
seit 1993	Bürogemeinschaft mit Joachim Haase in Aachen
1990–1996	Assistentin an der RWTH Aachen bei Prof. Curdes
1994	LEG Preis »Neue Wohngrundrisse«
1997–1998	Lehrauftrag an der RWTH Aachen im Bereich Städtebau und Landesplanung
seit 1998	Professorin an der FH Bochum, Lehrgebiet für Städtebau und Entwerfen
seit 1998	Architekturbüro in Vianden, Luxemburg

Das Gebäude befindet sich am Rand der kleinen Stadt Vianden in der deutsch-luxemburgischen Grenzregion. Die ehemalige Familienpension sollte umgebaut werden zu Wohnungen und einem kleinen Architekturbüro. Die Hanglage ermöglicht einen freien Blick vom Gebäude auf das Flussbett im Tal und auf die über dem Ort thronende Burg.

Nach Süden hin hatte das Gebäude ursprünglich eine geschlossene Fassade. Die neue Nutzung in Verbindung mit energetischen Überlegungen erfordete ein »neues Gesicht«. In Abstimmung mit der Denkmalbehörde wurde der ursprüngliche Anbau durch einen zweigeschossigen vorgestellten Wintergarten ersetzt. Die örtliche Gestaltungssatzung sah eine vertikale Gliederung vor.

Die verglaste Ecke gibt den Blick auf die Burg frei, zur Straßenseite wurde die neue Außenfassade geschlossen. Die Verglasung geht über in eine Speicherwand, die außenseitig mit transparenter Wärmedämmung versehen ist. Hieran schließen sich wärmegedämmte Paneele mit einer außenseitigen Lärchenschalung an. Christa Reicher sagt dazu: »Die äußere ›Haut‹ wird entsprechend den Bedingungen des Kontextes modifiziert.«

Christa Reicher setzt ihre neue »Sprache« gegen die alte und schafft dadurch einen spannungsvollen Dialog. Die alte Schiefer-Fassade im Innenbereich des Wintergartens wurde freigelegt und neu verfugt. Das übrige Gebäude erhielt wieder sein ursprüngliches Gesicht mit einer Dacheindeckung aus Naturschiefer, mineralischem Putz sowie Holzfenstern mit traditioneller Profilierung und Teilung. Im Kontrast zu den eher kleinen Räumen des Ursprungshauses und seinen kleinen Öffnungen schafft der neue Anbau durch die Zweigeschossigkeit und Transparenz ein ganz neues Raumgefühl.

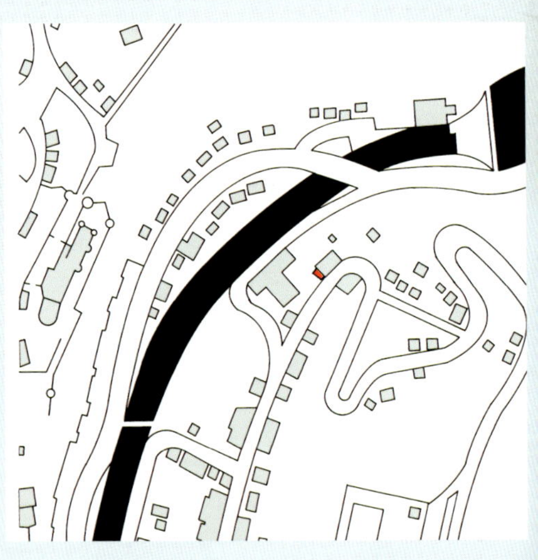

Straßenansicht

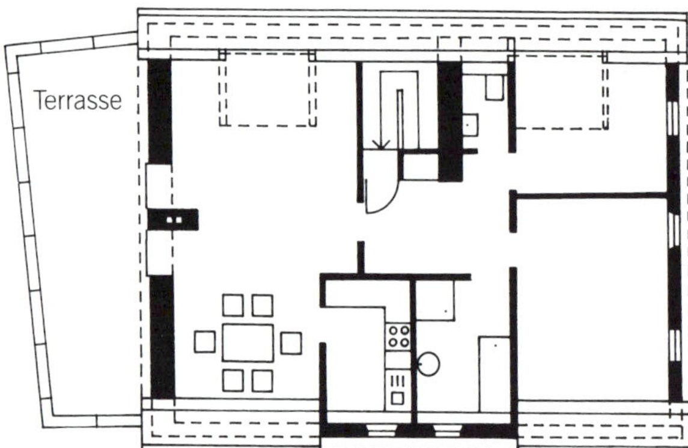

Grundriss Dachgeschoss

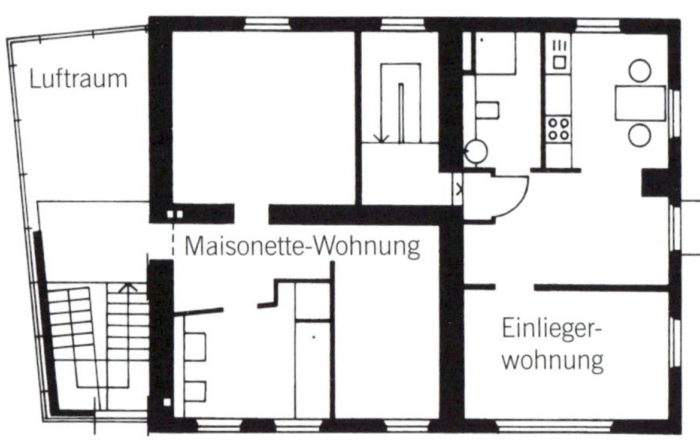

Grundriss Obergeschoss

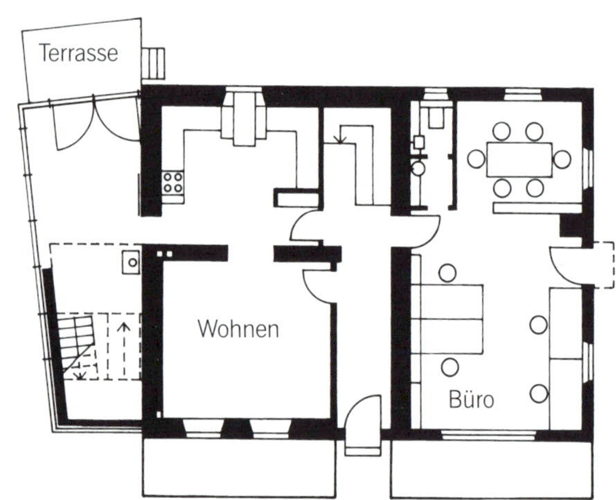

1:200

Grundriss Erdgeschoss

Projektinfo

Federführung:	Christa Reicher arbeitet in Bürogemeinschaft mit Joachim Haase. Die Federführung zu diesem Projekt lag bei Christa Reicher.
Baujahr:	1925/1950/1998
Standort:	Vianden, Luxemburg
Grundstücksgröße:	280 m²
Wohnfläche:	210 m² + 39 m² Büro
BRI:	ca. 740 m³
Baukosten:	2 200 DM/m²
Anzahl der Wohneinheiten:	3 Wohnungen, 1 Büro
Anzahl der Bewohner/innen:	5 Personen
Besonderheiten:	Transparente Wärmedämmung, Innenausbau in Eigenleistung
Fotos:	Johannes Rau

Rechts: Zusätzliche Treppe im Anbau vor der freigelegten Mauer

Unten: Verglaste Ecke mit Blick auf die Burg

Veredelung durch Sichtbeton

Um- und Anbau eines Einfamilienhauses in Essen

Hier war die komplette Umorganisation gefragt – eine Aufgabe, die sich sehr häufig bei Einfamilienhäusern stellt, wenn die Kinder ausgezogen sind und sich die Familienstruktur verändert hat.

Ziel der Architektin war es, ein Einfamilienhaus aus den fünfziger Jahren umzubauen in ein Haus, das von zwei Parteien als Wohnung und/oder Büro genutzt werden kann. Eva von der Stein teilte das Gebäude horizontal auf. Das ursprünglich nur durch eine innenliegende Treppe zu erreichende Obergeschoss wurde neu organisiert und mit einer Außentreppe versehen. Jede Ebene bekam ein eigenes Bad und eine eigene Küche. Zur inneren Umorganisation gehörte auch eine Erneuerung der Haustechnik und ein neuer Wärmeschutz für das gesamte Gebäude.

Die Architektin wählte eine sehr eigenwillige, eher karge Architektursprache für ihre neuen Elemente. Sie stellte diese ganz bewusst in Kontrast zum bestehenden Gebäude und machte dadurch Alt und Neu sehr reizvoll ablesbar. So wurde ein kleines Stück sichtbare »Baugeschichte« geschaffen.

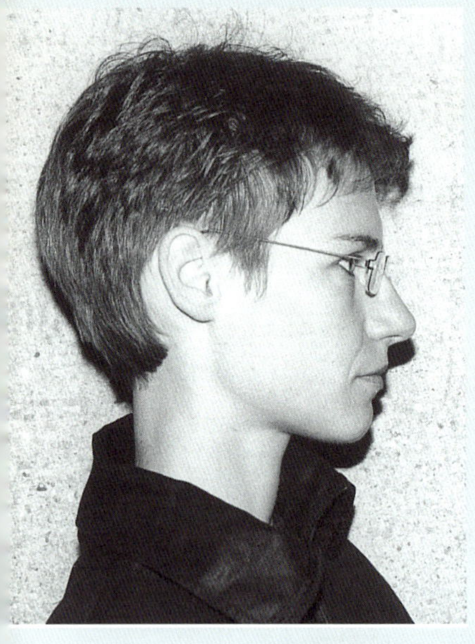

Eva von der Stein

1964	geboren
1984–1992	Architekturstudium an der RWTH Aachen und der Kunstakademie Düsseldorf, Hochschule für Bildende Kunst Wien Springorum-Denkmünze der RWTH Aachen Preis der Friedrich-Wilhelm-Stiftung Aachen
1992–1994	Mitarbeit in der Planungsgruppe Kasper Klever, Aachen
1992	Lehrauftrag im Fachbereich Architektur, FH Aachen
seit 1993	wissenschaftliche Mitarbeit an der RWTH Aachen
seit 1994	eigenes Büro in Aachen

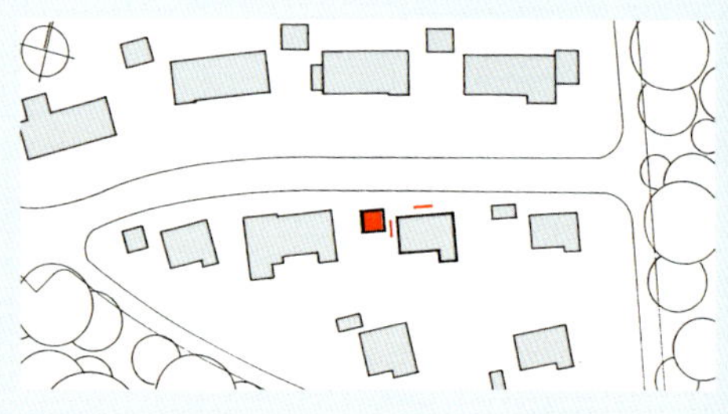

Projektinfo

Federführung:	Eva von der Stein, Architektin
	Bauleitung: Alfred Morauke
	Außenanlagen: Christian Meisert
Baujahr:	1955/1998
Standort:	Essen-Bredeney
Baukosten:	ca. 800 000 DM
Anzahl der Wohnungen:	2, alternativ 1 Wohnung + 1 Büro
Fotos:	Ulrich Noppeney, Aachen

Neuer Windfang für den alten
Eingang im Erdgeschoss…

… und neue Treppe für
den zusätzlichen Eingang
im Obergeschoss

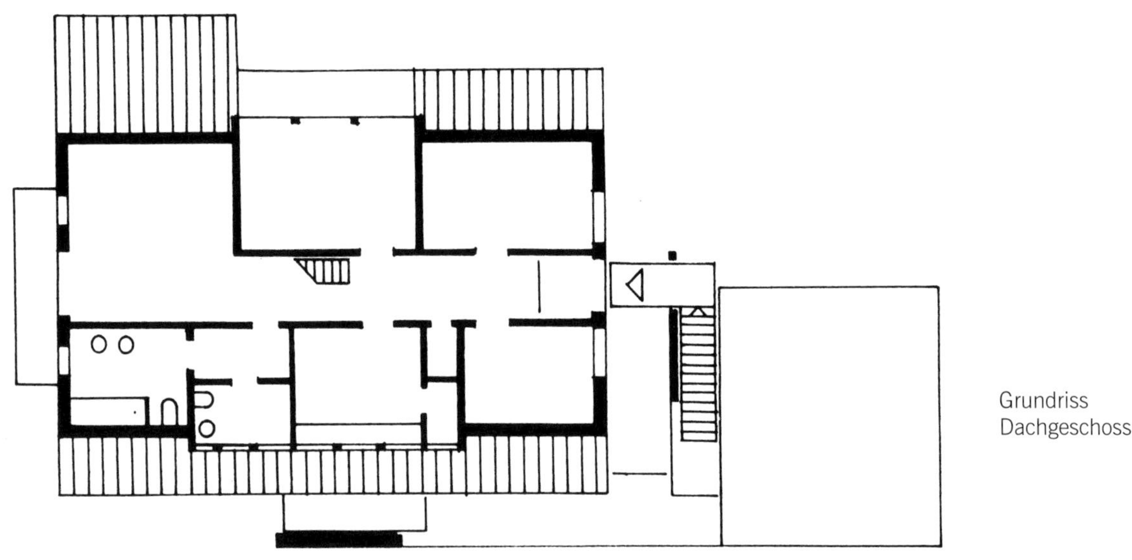

Grundriss
Dachgeschoss

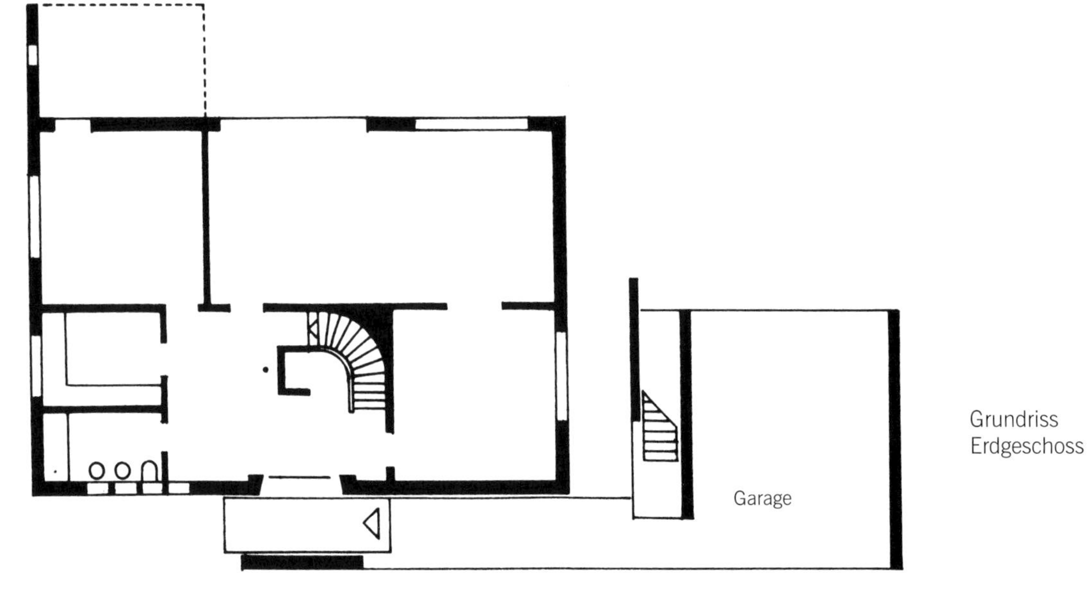

1:200

Grundriss
Erdgeschoss

Kontrast zwischen Stahl und Sichtbeton

Briefkastenschlitz im neuen Haustürelement

Garagentor von der Seite

Eine schräge »Kiste«
schafft den Durchbruch

Dachaus- und -umbau in Köln

Ute Pieroeth

1972–1975	Schreinerlehre in Köln
1975–1980	Studium der Stadt- und Regionalplanung an der FH Köln
1981–1982	Mitarbeit im Amt für Stadterneuerung Rotterdam, Niederlande
1982–1986	Architekturstudium an der TU Berlin
1986–1987	wissenschaftliche Mitarbeiterin, TU Berlin
1987	Gründung der Architektengruppe ASS Architetti Senza Sensibilita, Berlin
1988–1989	Mitarbeit im Büro Overdieck und Petzinka, Düsseldorf
1990	Bürogründung in Köln
1989–1992	Lehrauftrag für das Fachgebiet Grundlagen des Entwerfens, FH Trier
1992	Planungsgemeinschaft Jung – Pieroeth – Schützger, Berlin
1994–1995	Lehrauftrag für Baukonstruktion an der Gesamthochschule Wuppertal lebt und arbeitet in Köln und Berlin

Dieses Haus hat eine bewegte Geschichte. 1911 als Mehrfamilienhaus erbaut, erfolgte nach der Kriegszerstörung ein Wiederaufbau bis zum dritten Obergeschoss, 1991 kam ein Dachaufbau dazu.

Die prägende Entwurfsidee von Ute Pieroeth war es, dem ganz normalen Satteldach durch eine sich schräg durchschiebende »Kiste« eine besondere Note zu geben. Diese Kiste oder der Container, wie die Architektin den Baukörper bezeichnet, orientiert sich an dem vorhandenen Erker des Gebäudes. Durch die Schräglage des neuen Elements wird eine zweite Dachebene geschaffen.

Die Durchdringung von Satteldach und Container schafft im Inneren Raumverknüpfungen, durch die herkömmliche Sehgewohnheiten in Frage gestellt werden, und die ein bewusstes Hinsehen erfordern. Dies wird besonders deutlich am Beispiel der Fenster, wo sich Fragen aufdrängen wie: Ist der Boden schief oder ist es das Fenster? Wie lässt sich das Fenster öffnen und schließen?

Die Architektin spielt mit den Wirkungen des Lichteinfalls. Sie setzt Licht- und Schatteneffekte, die durch schmale Schlitzöffnungen in den geschlossenen Wänden entstehen, und kontrastiert sie mit den großzügig hellen Glasflächen zur Dachterrasse hin.

Die zweite Ebene im neuen Dachgeschoss ist durch eine interne Stahltreppe aus gefaltetem Tränenblech erreichbar.

Besonders interessant ist der Blick aus der Küche durch die nach außen geneigte Container-Seite zur Straße. Hier bietet sich eine spannende Aussicht auf die belebte Straße und ermöglicht den Blick- und Rufkontakt zum Beispiel zu spielenden Kindern. Die leicht nach vorne geneigte Fassade fängt bei geöffnetem Fensterschwingflügel die an der Hauswand hochstreichende Luft ein und führt so zu einem Lüftungseffekt.

Die Dachdeckung besteht aus grauen Betonziegeln. Der Container ist als Holzständerkonstruktion konzipiert, die mit OSB-Platten (Grobspanplatten) ausgefacht wurde. Die mit einer hinterlüfteten Vorhangfassade aus matt-transparentem Glas verkleidete Konstruktion verfremdet diese gleichzeitig. Je nachdem, wie das Licht auf das Glas fällt, tritt das Glas mit seinem matten Glanz in den Vordergrund und die OSB-Platte verschwindet optisch – oder umgekehrt.

Die Architektin spielt auf sehr anregende Weise mit der Verkehrung von »Normalität« und schafft so eine Erweiterung unserer Sehgewohnheiten.

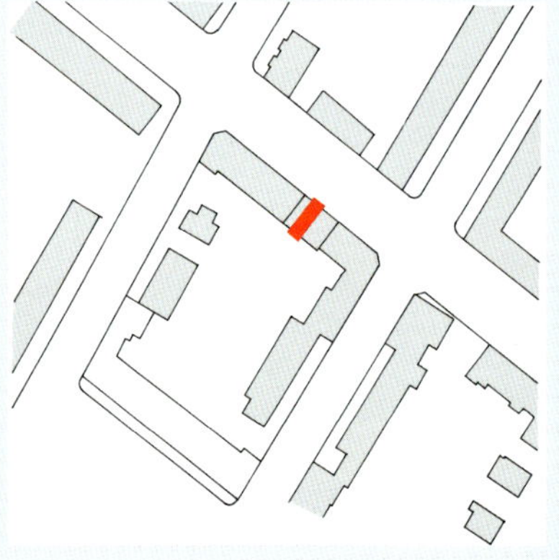

Straßenansicht mit »Containerküche«

Gartenseite mit Dachterrasse

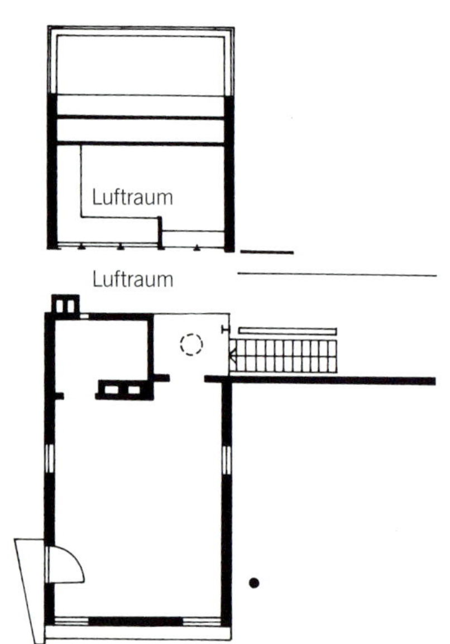

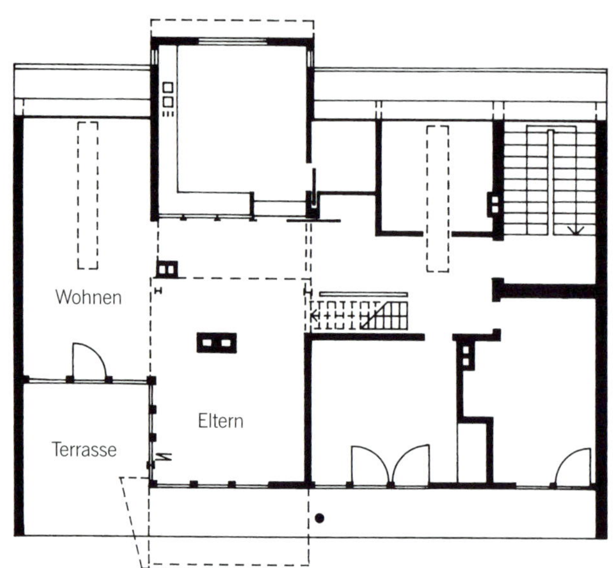

Grundriss 2. Dachgeschoss   Grundriss 1. Dachgeschoss

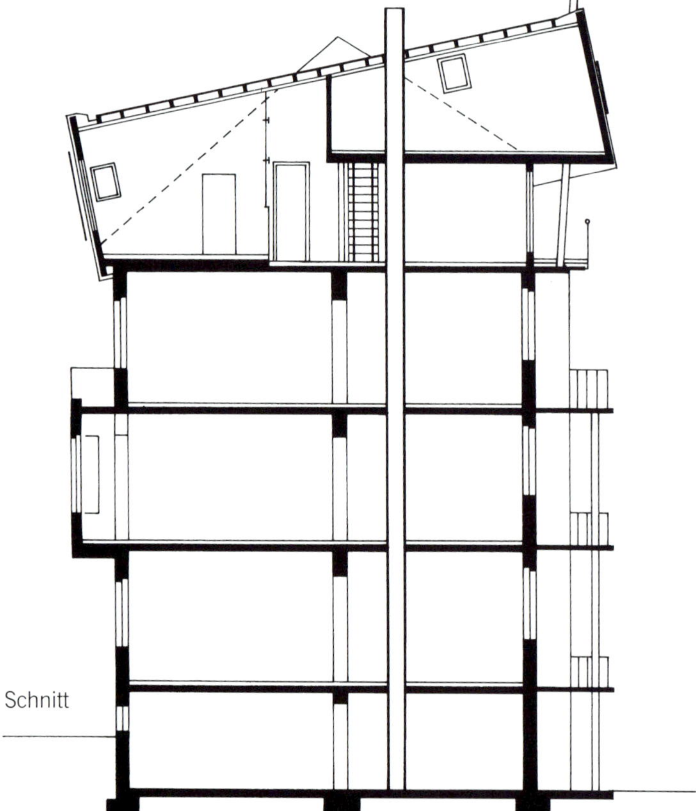

Projektinfo

Federführung:	Ute Pieroeth
Baujahr:	Jahrhundertwende/ 60er Jahre/1991/1995
Standort:	Köln
Bruttogeschossfläche:	173 m²
BRI:	620 m³
Anzahl der Bewohner/innen:	ca. 4 Personen
Fotos:	Jens Willebrand, Köln

Spiel mit den Winkeln und
Sehgewohnheiten

Blickkontakt zwischen Küche
und Galerie

Die Stahlblechtreppe führt
zum Rückzugsraum im
2. Dachgeschoss.

Roter Kern
in grauer Schale

Kleines Wohnhaus
in Herzogenaurach

Ausgangspunkte für das kleine Wohnhaus in Herzogenaurach waren das geringe Budget, der Wille, ein besonderes Objekt für sich selbst zu bauen, das auch Veränderungen im Lebensalltag mit aufnehmen kann, und das Grundstück, eine Baulücke am Rande des Ortes.

Petra Hüttinger organisierte das Gebäude nach sehr klaren Prinzipien: ein lang gestreckter, einfacher Baukörper, in den Küche und Bad als roter Kubus »hineingestellt« wurden und an dessen Ende zwei abgetrennte Individualräume liegen.

Auf eine Unterkellerung wurde aus Kostengründen verzichtet, als Alternative wurde neben dem Haus ein Schuppen für den Hausanschluss und für Geräte gebaut. Schuppen und Haupthaus bilden ein Ensemble und markieren den Eingang.

Das Gebäude ist als Holzrahmenbau konstruiert und mit einer hinterlüfteten Fassade (VHF) errichtet worden. Die klare Gliederung der Holzzementplatten mit ihrem exakten Fugenbild ist ein wesentliches Gestaltungselement. Die dunkle Farbe der Platten kontrastiert mit dem Naturholzton der Fensterrahmen.

Hier wird eine Reduziertheit nach dem Prinzip »Weniger ist mehr« zelebriert. In Zeiten von Baumarktmaterialschlachten an den Peripherien und im ländlichen Raum wirkt das Gebäude wie eine Erholung für die Sinne.

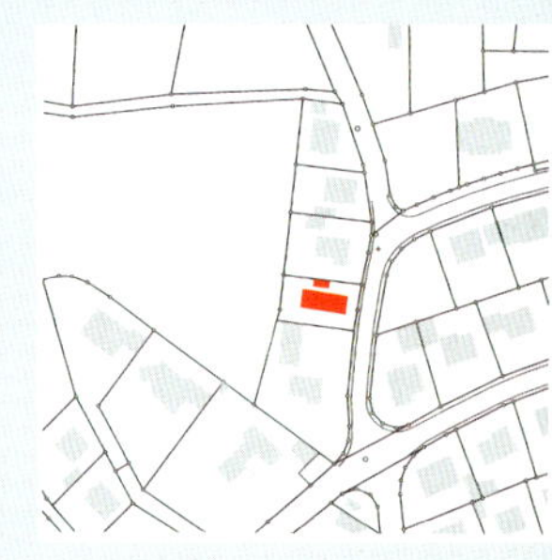

Petra Hüttinger

1966	geboren
1988–1993	Architekturstudium der Fachrichtung Architektur an der FH Coburg
1994–1995	Aufbaustudium Denkmalpflege an der Universität Bamberg
seit 1993	Mitarbeit in Architekturbüros in Köln und Nürnberg
seit 1996	Bürogemeinschaft mit Herbert Bucher

Projektinfo

Federführung:	Die Federführung zu diesem Projekt lag bei Petra Hüttinger.
Baujahr:	1997/1999
Standort:	Herzogenaurach
Grundstücksgröße:	630 m²
Wohnfläche:	99,5 m² + Galerie 16 m² + 11,4 m² Schuppen
Baukosten:	1 655 DM/m²
Anzahl der Bewohner/innen:	2 Personen
Eigenleistungen:	kompletter Innenausbau, Fassade und Dacheindeckung
Fotos:	Architekturbüro Bucher + Hüttinger, Herzogenaurach

Eingang mit Nebengebäude

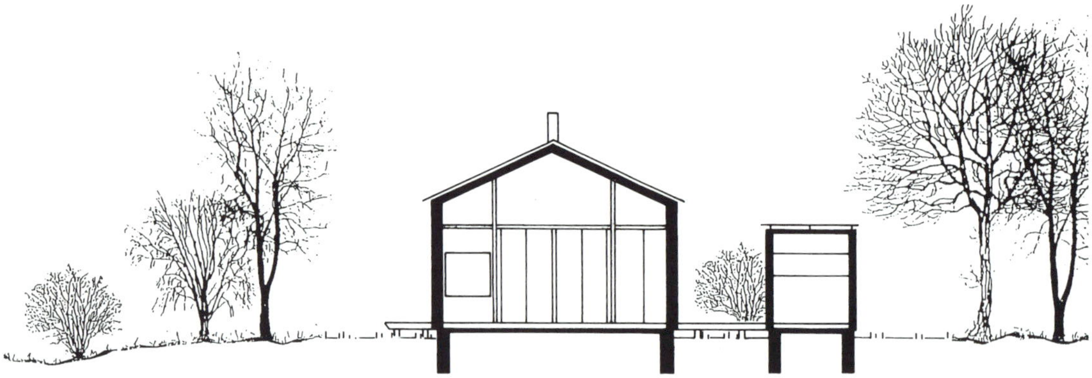

Querschnitt 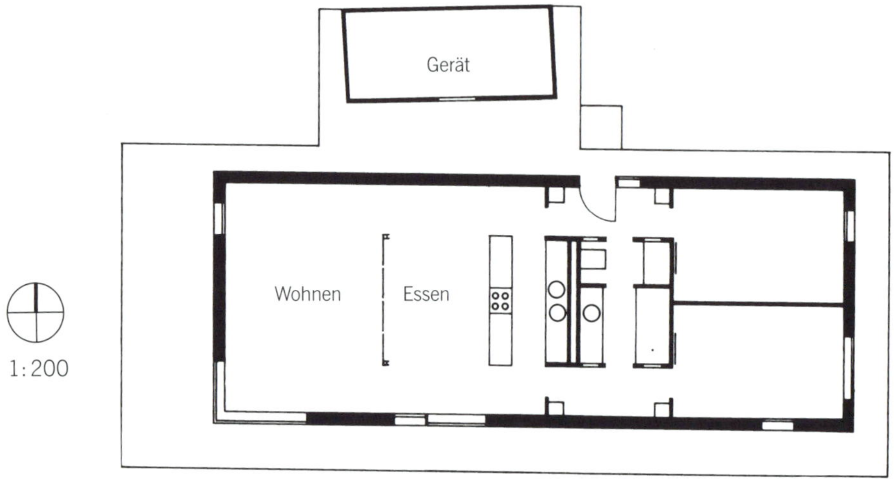
Gerät
Wohnen
Essen
1:200
Grundriss
Erdgeschoss
Essplatz mit offener
Küche im Wohnraum

Der Ausblick über Eck
wird zum Bild.

Innenliegendes Bad
als roter Kern

Hoch oben
zwischen Wald und Wiese

Ein Single-Haus in Kloster Neuburg

Ein Haus für eine Frau, eine Geschäftsfrau, ein Haus zum Ausruhen und Zurückziehen – hoch oben an einem Südhang liegt es, an der Nahtstelle zwischen Wald und Wiesenhang im stillen Rottachtal. Das Haus besteht aus einem Sockelgeschoss, das in den Hang hinein- und nach vorne herausgeschoben ist, und einem Obergeschoss, das sich querstellt.

Charakteristisch sind das weit überkragende ganz leicht geneigte Pultdach mit Schattenfuge und der Eingangsbereich mit Sitzplatz, überdacht von dem Obergeschoss, das auf zwei Betonstützen ruht. Die Wohnküche im Erdgeschoss orientiert sich zu diesem sonnengeschützten Freisitz mit Aussicht. Wer es die vielen Treppen bis hinauf geschafft hat, kann sich hier stärken.

Im hinteren Teil des Erdgeschosses, die Kühle des Erdreichs nutzend, befinden sich die Vorrats- und Nebenräume sowie ein Gästezimmer. Das Obergeschoss bildet einen großen Raum, in dem eine leichte Schiebewand den Schlafteil vom Sitzbereich abtrennen kann. Der Blick von hier ins Tal, auf den gegenüberliegenden Hang und in die Weite wird durch das Panoramafensterband zu einem Erlebnis. Durch den sparsamen Umgang mit Material und Form bleibt Platz für die Veränderungen in der Natur.

Auf der gegenüberliegenden Seite des Panoramafensters befinden sich die Tür und drei kleine »Guckfenster« zur Rückzugsterrasse, die vor Einsicht vom Tal und der Straße geschützt ist. Verbindungselement zwischen den beiden Ebenen ist eine einläufige Treppe in einer als »Lichtfuge« inszenierten Zone, durch die Franziska Ullmann die Haupträume (Wohnküche und Wohn-/Schlafraum) von den Nebenräumen trennt.

Die fantasievolle Raumgestaltung des kleinen Bades hinter dem Schlafraum im Obergeschoss auf der »Lichtfuge« oder die Ausgestaltung der speziellen Küchenmöbel vermitteln eine Freude an Ästhetik und Details. So werden – zum Beispiel durch die Wiederholung der Farbe in den Fassadenstreifen des Sockelgeschosses und des darüberliegenden Baukörpers oder durch die Proportionen der beiden Fensterbänder auf der Talseite – die wesentlichen Gestaltungselemente betont und gestärkt – ein Haus zum Kräftesammeln und zum Zur-Ruhe-Kommen.

Franziska Ullmann

1950	geboren in Bad Vöslau Architekturstudium an der TU Wien
seit 1983	eigenes Büro
1985–1994	Lehrbeauftragte an der Hochschule für angewandte Kunst in Wien, Meisterklasse Prof. Hans Hollein
1994	Förderpreis des Landes Niederösterreich für Architektur
seit 1995	Professur an der TU Stuttgart

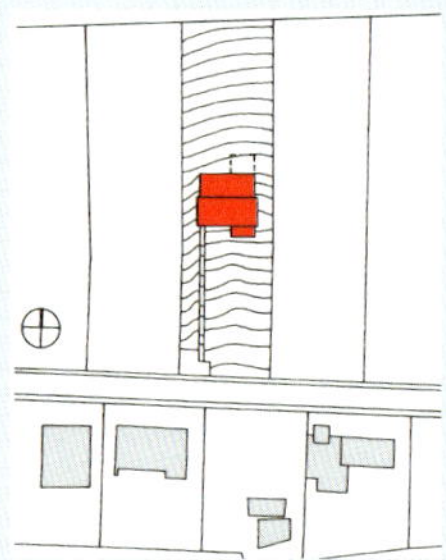

Projektinfo

Federführung:	Franziska Ullmann Mitarbeit: Hermann Schnöll, Alfred Steiner
Baujahr:	1991/1993
Standort:	Kloster Neuburg, Österreich
Grundstücksgröße:	1 200 m²
Nutzfläche:	174 m²
Baukosten:	5 Mio. öS incl. UST
Anzahl der Bewohner/innen:	1 Person
Fotos:	Margherita Spiluttini, Wien R. Newald: S. 62

Ansicht von Süden

Küchenbox mit Sehschlitz
unter Wohnraum mit
Panoramafenster

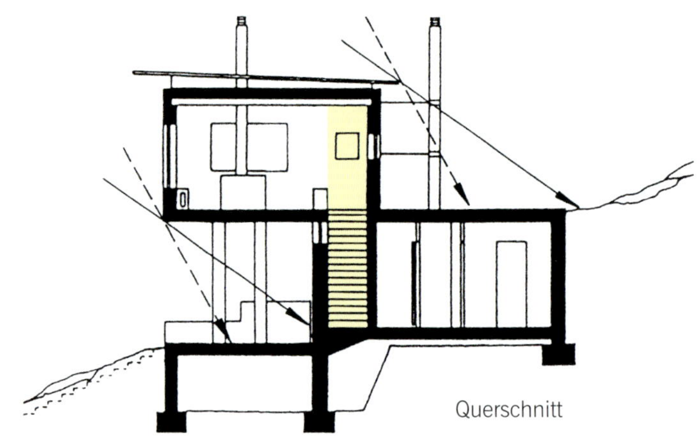

Querschnitt

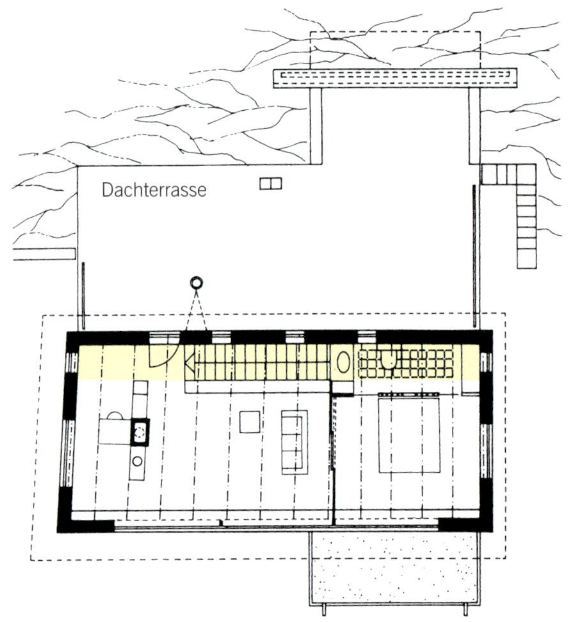

Dachterrasse

1:200

Grundriss
Obergeschoss

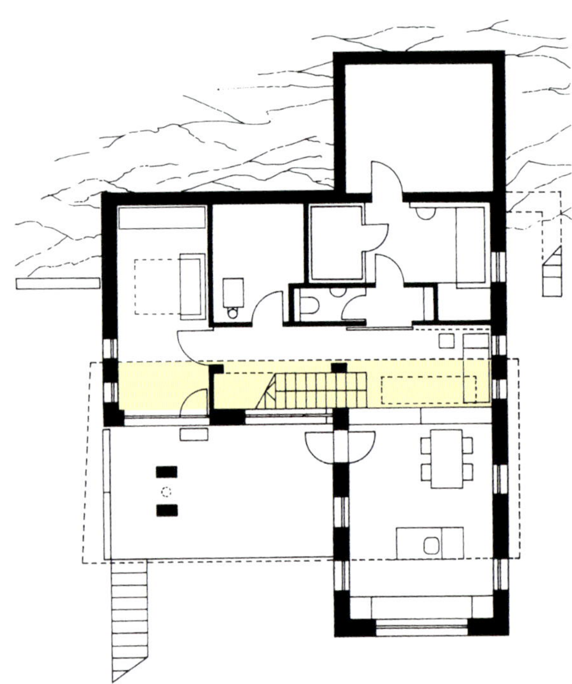

Grundriss
Erdgeschoss

Lichtstreifen über
dem Treppenaufgang

Großer Wohnraum mit Schiebewand

Offene Küche neben der Eingangsterrasse

Ungewöhnliche. »Garagenlösung«

Aufstockung in Burbach

Ein Leitbild für die Architektin und den engagierten Bauherrn war der sorgsame Umgang mit den natürlichen Ressourcen. Das Grundstück liegt abseits einer Haupterschließungsstraße inmitten eines schönen Obstgartens. Eine ortsuntypische Reihenhausgarage im hinteren Grundstücksteil wurde als Sockelgeschoss verwendet und aufgestockt. Die so genutzte Hangsituation ermöglichte es, keine zusätzliche Gartenfläche überbauen zu müssen. Christine Jantzen übersetzte das Vorgefundene in eine Architektur unserer Zeit mit ortstypischen und gleichzeitig eigenwilligen Elementen.

Die mittlere von den drei in den Hang hineingeschobenen Garagen wurde im hinteren Teil zum Keller- und Hausanschlussraum. Nach vorne erweiterte die Architektin den Garagenbau um einen Eingangsbereich mit Treppenaufgang. Im Obergeschoss schuf sie so eine Ostspange mit Bad, Küche und Erschließung und nach Westen zum ebenerdigen Garten hin einen großzügigen Wohn-Essbereich mit einem Schlafzimmer. Die beiden »Hausteile« Wohnbereich und Funktionsräume werden baulich voneinander abgesetzt und geben dem Gebäude eine ortstypische Kleinteiligkeit. Auch die Verwendung der Farbe Schwarz in der Fassade zitiert die regional typischen Schieferfassaden.

Eine vorgelagerte Terrasse und ein Teich schaffen eine reizvolle räumliche Erweiterung nicht nur an warmen Sommerabenden.

Christine Jantzen

1960   geboren in Haiger, Hessen
Abitur
Architekturstudium an der Gesamthochschule Siegen, Fachbereich Architektur
Kent Institute of Art & Design, Canterbury, England
1996   Gründung des Architekturbüros BÜRO ZWO in Marburg

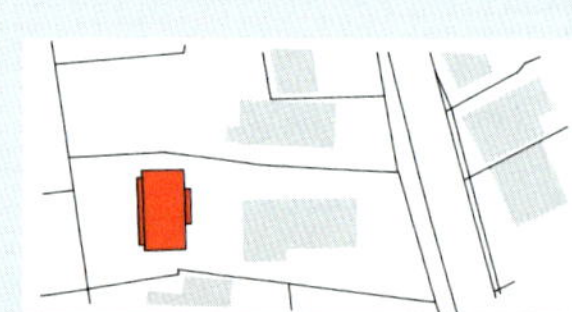

Projektinfo

Federführung:	Dieses Projekt entwickelte Christine Jantzen zusammen mit dem Bauherrn, Karl-Hermann Krombach. Die Federführung lag bei Christine Jantzen.
Baujahr:	1999
Standort:	Burbach
Wohn-/Nutzfläche:	158 m²
Grundstücksgröße:	950 m²
Anzahl der Bewohner/innen:	2 Personen
Baukosten:	2 950 DM/m² (netto) Wohn- und Nutzfläche Außenanlagen
Eigenleistungen:	
Fotos:	Thomas Kind, Marburg: S. 67, 69 unten BÜRO ZWO, Marburg: S. 66, 69 oben

Gartenseite mit Teich

Nordansicht

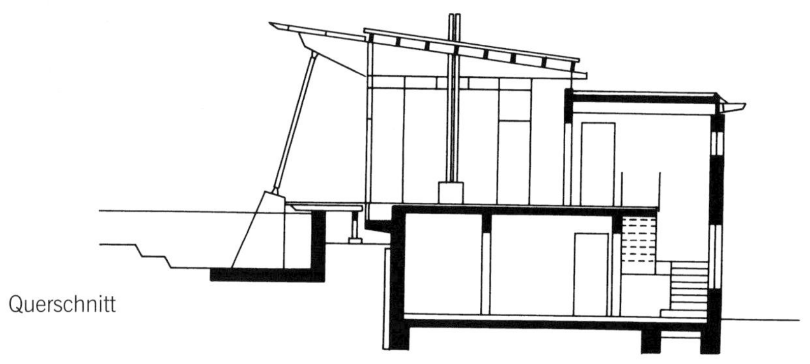

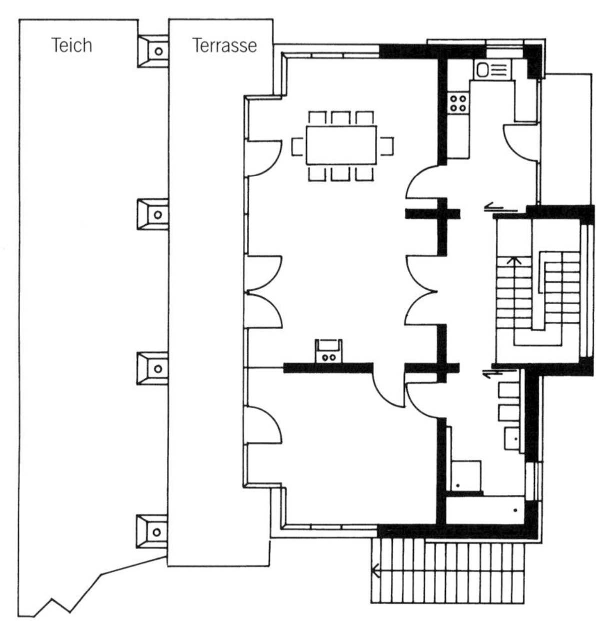

Grundriss Obergeschoss
Wohnebene auf
Gartenniveau

1:200

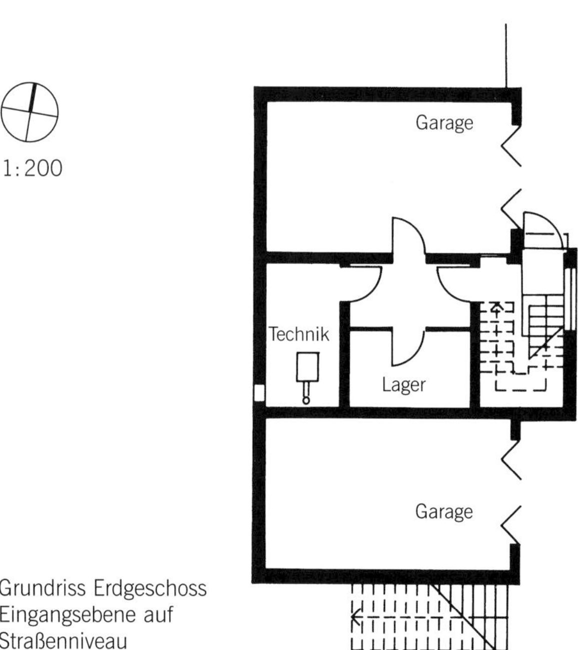

Grundriss Erdgeschoss
Eingangsebene auf
Straßenniveau

Schwarze Farbflächen
zitieren die regional typischen Schieferfassaden.

Modell

Umwandlung und Auf-
stockung der vorhandenen
Garagen

Das Mini-Komplett-Haus

Ein-Personenhaus in Schleswig-Holstein

Das Haus Gundel ist eigentlich der Anbau an ein bereits bestehendes Ferienhaus. Im Stil eines »schnuckeligen« Geräteschuppens erbaut, stellte der Altbau geradezu eine Herausforderung an sie dar, ihr neu konzipiertes Gebäude ganz bewusst im Kontrast zu dieser Haltung zu entwickeln, betonte die Architektin.

Die Umgebung – das Baugrundstück befindet sich im ländlichen Schleswig-Holstein – bietet ein heterogenes Bild aus Bauernhöfen, die zum Teil 200 Jahre alt sind, und Siedlungshäusern aus den nachfolgenden Epochen.

Genutzt werden die beiden Gebäude auf dem Grundstück von der Gemeinschaft »Altenveilchen«, einer Gruppe von Freundinnen und Freunden im Alter von vierzig bis fünfzig Jahren. Sie wollen hier gemeinsam in Unabhängigkeit alt werden können und sich gegenseitig dabei unterstützen.

Das neue Gebäude von Gabriele Richter umfasst eine selbstständig zu nutzende Wohneinheit im Sinne eines »Mini-Komplett-Hauses«, das jedoch als Anbau in Verbindung mit dem Nachbargebäude steht. Dieser Anbau ist auf einer Grundfläche von 4 x 6 Metern in Holztafel-Bauweise mit vorgehängter hinterlüfteter Fassade ausgeführt. Die Kombination von rationeller Holztafel-Bauweise mit Vorhangfassade ermöglichte eine kurze Bauzeit.

Die Gestaltung des Gebäudes, die so sehr im Kontrast zum ehemaligen Ferienhaus steht, erwuchs aus dem Bewusstsein der Architektin, als »Mensch der Gegenwart« zu bauen. Sie erläutert: »Die Betonung der Eigenständigkeit ist gleichzeitig Mittel zur Maßstäblichkeit und Einordnung. Die Fassade als das öffentlichste Element der Architektur spielt bei der Kleinheit des Objektes eine besondere Rolle. Proportion, Gliederung und Identität werden durch die Gestaltung betont und erzeugt. Dem Gedanken folgend, dass die Architektur ein Element für die Sinne ist, bietet die Gestaltung des Gebäudes zahlreiche Ansätze für ortsprägende, identitätsstiftende und bildhafte Assoziationen.«

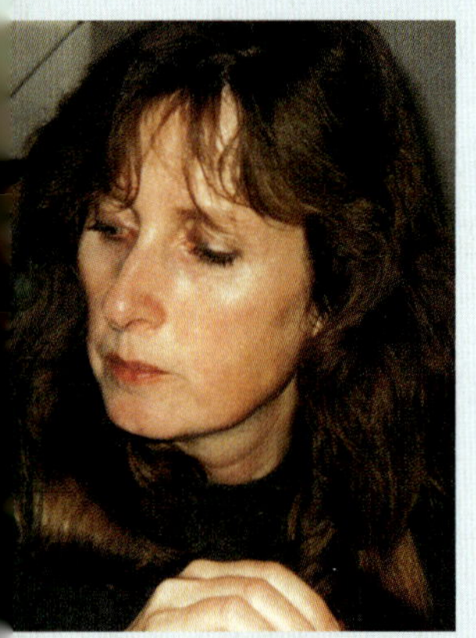

Gabriele Richter

1959	geboren in Mülheim/Ruhr
1977	Abschluss als Arzthelferin
1982	Fachoberschule
1982–95	Architekturstudium und Diplom an der Muthesiushochschule Kiel
1987	Geburt einer Tochter
1989–1990	Bau des eigenen Hauses. Mitwirkung bei Entwurf und Ausführung
1991	freie Mitarbeit an diversen Projekten
seit 1996	Bürogemeinschaft mit Dieter Richter

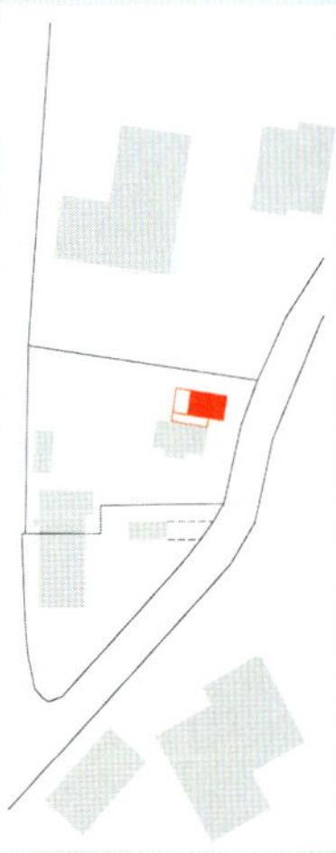

Das neue Gebäude steht bewusst in Kontrast zum Fachwerkhaus.

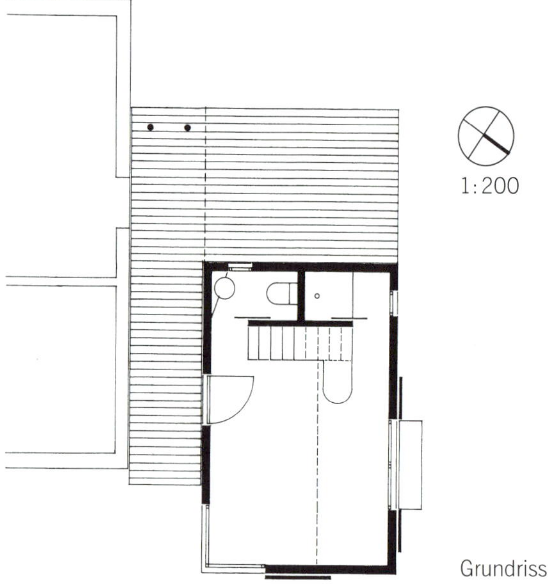

1:200

Grundriss

Projektinfo

Federführung:	Gabriele Richter betreibt ein Architekturbüro zusammen mit ihrem Partner Dieter Richter. Die Federführung zu diesem Projekt lag bei Gabriele Richter.
Baujahr:	1998
Standort:	Schleswig-Holstein
Wohnfläche:	ca. 29 m^2
BRI:	ca. 105 m^3
Baukosten:	ca. 4 000 DM/m^2 incl. Terrasse
Anzahl der Bewohnenden:	1 Person
Sonstiges:	Haus Gundel wurde mit einer Anerkennung zum Holzbaupreis Norddeutschland ausgezeichnet.
Fotos:	Kröger + Dorfmüller, Hamburg

Kleines
»Langhaus«

An- und Umbau eines
Wohnhauses in Franken

Am Ortsrand eines fränkischen Dorfes gelegen, sollte ein einfaches, schmales Wohnhaus vergrößert und dem heutigen Wohnstandard angepasst werden. Das Haus sollte für zwei Personen geräumig nutzbar sein.

Susanne Hug verlegte den Eingang in die Mitte des Hauses und fügte einen Windfang auf der Nordseite hinzu für Garderobe, Heizung, WC und den Abgang zum Keller. Dadurch konnte sie auf Flurflächen verzichten. Die Küche und ein Schlafraum sind jeweils an den Stirnseiten des zentralen Wohnraums angeordnet. Dieser Wohnraum ist bis unter das Dach geöffnet. Eine kleine Leitertreppe führt zur Galerieebene mit ihren zwei Rückzugs- und Arbeitsräumen über der Küche, dem Bad und dem Schlafraum.

Das Ursprungshaus blieb als Massivbau erhalten und erkennbar, die Nordseite ist geschlossen, während auf der Südseite alle vorhandenen Fenster zu Fenstertüren umgebaut wurden. Die vorgelagerte Terrasse vergrößert optisch den Raum von innen. Bad und Küche wurden jeweils in Holzrahmenbauweise an den Giebelseiten angefügt und das vorhandene Satteldach entsprechend verlängert.

Dieses Haus zeigt eine sehr einfühlsame Erweiterung, die die Charakteristik des ursprünglichen Hauses aufnimmt und ihm durch die Ergänzungen und Veränderungen doch eine zeitgemäße Handschrift verleiht.

Susanne Hug

1959	geboren
	Studium der Innenarchitektur an der FH Rosenheim
1982	Diplom
seit 1983	Mitarbeit in einem Architekturbüro in Tübingen
1993	BDA-Auszeichnung für einen Umbau
1997	Stipendium Deutsche Akademie Villa Massimo, Rom
	Dipl. Ing. Architektin, lebt und arbeitet in Tübingen

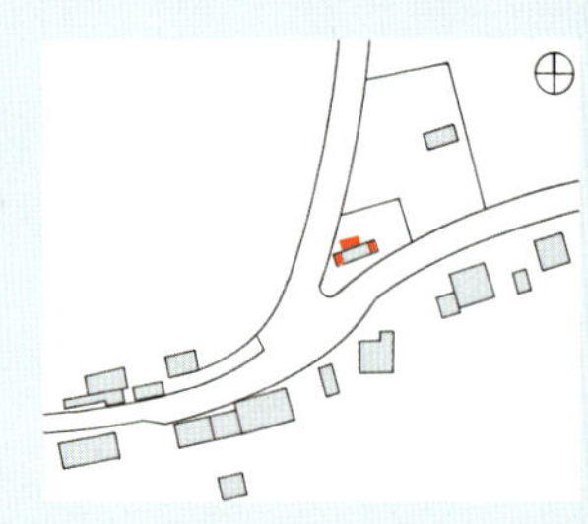

Projektinfo

Federführung:	Susanne Hug
Baujahr:	1994
Standort:	Emskirchen-Hoholz, Franken
Grundstücksgröße:	ca. 634 m²
Wohnfläche:	ca. 115 m²
BRI:	ca. 394 m³
Baukosten:	ca. 2780 DM/m²
Anzahl der Bewohner/innen:	2 Personen
Eigenleistungen:	Ausschreibung und Bauleitung wurden von Michaela Mann (Bauherrin) übernommen.
Fotos:	Michaela Mann, Emskirchen-Hoholz
	Laufner + Ernst, Stuttgart: S. 74

Gesamtgebäude von Süden

Neuer Ostgiebel mit horizon-
taler Holzverkleidung

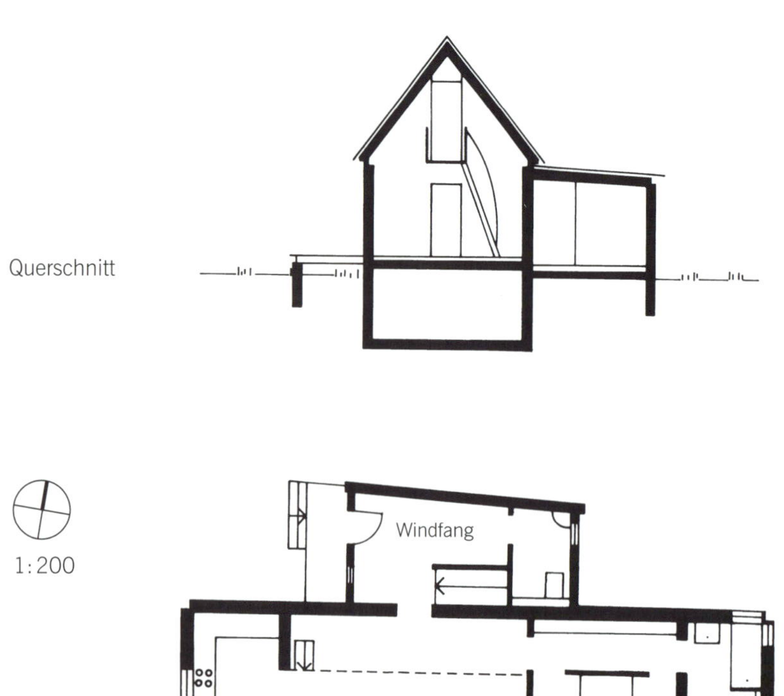

Westgiebel mit
Küchenfenster

Ansicht von Süden mit
deutlich ablesbaren
Holz-Anbauten

Wohnraum mit Leitertreppe
zum Steg, der die beiden
Dachzimmer erschließt.

Gartenhaus
mit »Lebensmuseum«

Ein-Personenhaus in Karlsruhe

Myriam Claire Gautschi

1959	geboren in Bern Architekturstudium an der ETH Zürich
1985	Diplom bei Prof. Dolf Schnebli
1985–1987	Mitarbeit im Architekturbüro H. Gafner, Zürich
1987–1989	Assistenz bei A. Cruz und A. Ortiz, Sevilla, während deren Gastprofessur an der ETH
1987	Gründung der ZETBE, Herstellung und Vertrieb von eigenen Designartikeln
seit 1985	gemeinsame Projekte mit Günther H. Zöller in Karlsruhe und Umgebung, verschiedene Wettbewerbe in der Schweiz
1990	Gründung der PAK – Büro für Planung, Architektur und Konzeptdesign in Zusammenarbeit mit Günther H. Zöller

Der Anlass für den Bau dieses Hauses war die Veränderung im Lebenszyklus der Familie. Die Kinder waren ihre eigenen Wege gegangen und ausgezogen, die Bauherrin lebte nunmehr alleine in dem weitläufigen Familienhaus mit großem Garten – und benötigte aber eigentlich immer weniger Raum. Doch die vertraute Umgebung verlassen wollte sie äußerst ungern. So entstand die Idee des Gartenhauses.

Zwei Gebäudeteile charakterisieren den Entwurf mit seinen zwei gegeneinander ausgerichteten Pultdächern: das Wohnhaus mit einem weit nach Süden aufgeklappten Pultdach und die Garage an der Grundstücksgrenze.

Da sich über die Jahrzehnte viele lieb gewordene Erinnerungsstücke angesammelt hatten, war ein siebzehn Meter langer Schrank prägendes Element für das Innere des Wohnhauses. Das »Lebensmuseum«, wie Myriam Claire Gautschi das Schrankelement nennt, bildet quasi den Rücken im Osten. Durch in den Raum gestellte Trennwände wurden verschiedene Bereiche geschaffen, die auch durch unterschiedliche Raumhöhen in ihrer Identität verstärkt werden. Es gibt keine Treppen im Haus, die im Alter vielleicht nicht mehr zu bewältigen wären, somit auch keine Unterkellerung.

Das Gebäude wurde in Massivbauweise errichtet und verputzt. Das »Lebensmuseum« bildet als sorgfältig eingepasste Holzkonstruktion das Rückgrat des Hauses. Das charakteristische Pultdach wurde als Blechdach ausgebildet und durch ein Lichtband von den massiven Außenwänden abgelöst.

Die Architektin legte Wert auf möglichst umweltverträgliche Baustoffe. Sie beschränkte sich auf wenige Materialien, die sie entsprechend materialgerecht einsetzte. Dadurch vermittelt das Haus eine wohltuende Ruhe.

Rechts oben:
Ansicht von Süden, rechts endet die Schrankwand »Lebensmuseum«.

Unten: Ostseite mit 17 Meter langer Schrankwand

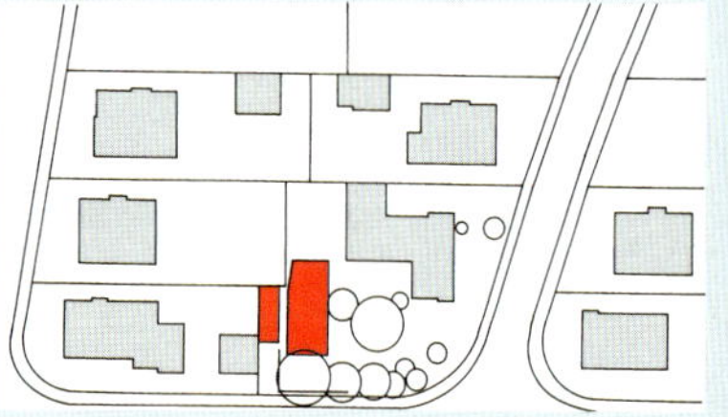

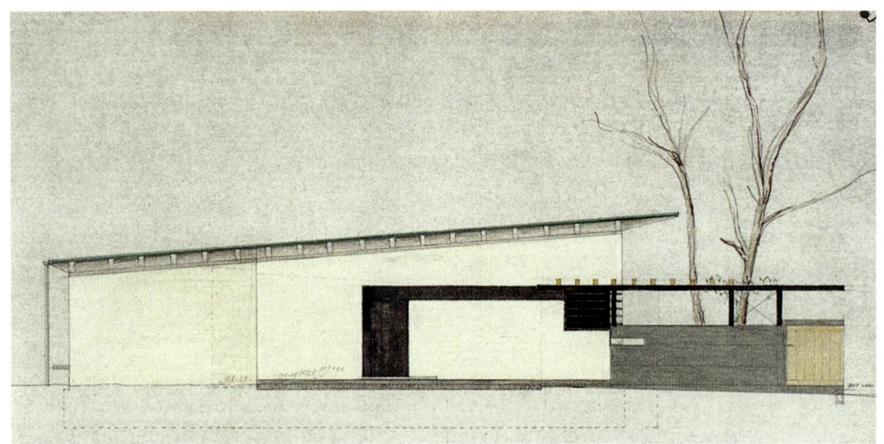

Querschnitt

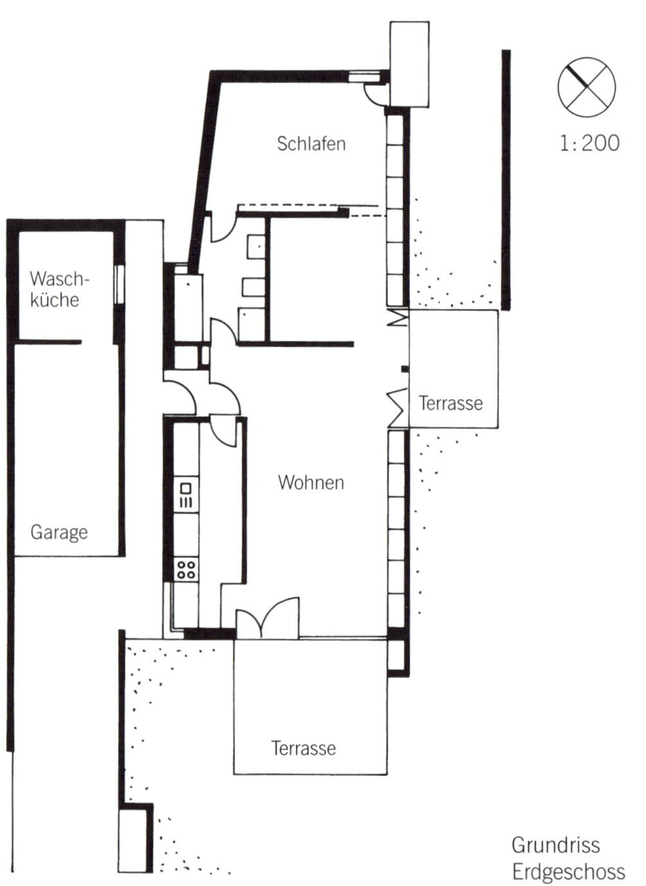

Grundriss
Erdgeschoss

Projektinfo

Federführung:	Myriam Claire Gautschi arbeitet in Bürogemeinschaft mit Günther H. Zöller. Die Federführung zu diesem Projekt lag bei Myriam Claire Gautschi.
Baujahr:	1994
Standort:	Karlsruhe
Grundstücksgröße:	1 126 m² gesamtes Grundstück mit bestehendem Einfamilienhaus
Wohnfläche:	85 m²
Baukosten:	3 877 DM/m² (netto)
Anzahl der Bewohner/innen:	1 Person
Fotos:	Emanuel Raab, Wiesbaden

»Lebensmuseum« von innen

Die Trennwände sind von
der Decke abgelöst.

Ein besonderer Wohnwürfel im Hausermeer

Das Y-Haus bei Tokio

Dicht zusammengewürfelt bilden die ein- bis zweigeschossigen Häuser mit leicht geneigten Satteldächern die Umgebungsbebauung für das Gebäude von Kazuyo Sejima. Der Ort liegt etwa eine Zug-Stunde von Tokio entfernt und ist geprägt von einem milden Klima. Die Grundstücke sind klein, der Grund und Boden wahrscheinlich teuer.

Kazuyo Sejima setzte sich mit ihrem Y-Haus bewusst von den üblichen Häusern ab. Sie entschied sich für einen klaren zweigeschossigen Kubus, der die gesamte Tiefe des Grundstücks einnimmt. Die Ausrichtung Südwest/Nordost ist hier optimal für die Nutzung von Sonnenenergie und Luftströmen.

Der Gebäudekörper ist zur Straße und zur Rückseite komplett geschlossen, dagegen zu den Seiten mit ihren Vorbereichen fast durchsichtig. Nur eine schwebende Massivtreppe zackt sich wie ein grafisches Muster zur Eingangstür an der Straßenseite hinauf. Eine auskragende Scheibe als Vordach markiert räumlich den Eingang. Die seitlichen Glasfassaden werden auf der einen Seite durchbrochen von einem schwarzen Körper auf einer mächtigen Rundstütze, in dem das WC mit Fallrohr untergebracht ist und auf der anderen Seite von einem eigenwilligen Balkon mit Treppe zum Gartenhof. Dieser auskragende Balkon scheint sich dem Nachbarhaus entgegenzustrecken und könnte bei »Gegenliebe« ein Verbindungsarm sein.

Der zweigeschossige großzügige Wohnbereich ist – für uns ganz ungewöhnlich – im Obergeschoss vorgesehen, in der Ebene also, die über die Außentreppe auf der Straßenseite erreicht wird. Die privateren Räume wie Schlafzimmer und Bad sind dem privaten Hofbereich auf dem Erdgeschossniveau zugeordnet. Der zweite Rückzugsbereich oder das Gästezimmer »hängt« unter der Decke im Obergeschoss. Dieser durchgesteckte Raum markiert den Essplatz zwischen Küche und Wohnraum. Durch transluzente Schiebeelemente kann das ganze Obergeschoss zu einem Raum oder in drei Bereiche unterteilt werden.

Die gekrümmte Wand im Erdgeschoss sowie die warme Farbe des Holzfußbodens und der Wandelemente im privateren Bereich stehen im Kontrast zu den kühlen Oberflächen des Wohnraums mit seinem Steinfußboden, seinen weißen Wänden und Stahleinbauten.

Die Reduziertheit in Materialwahl, Farbe und Form unterstreicht noch die Raffinesse in der Gestaltung und im Detail.

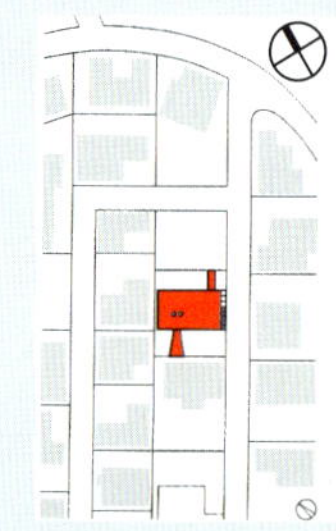

Kazuyo Sejima

1956	geboren in Ibaraki Prefecture, Japan
1981	Mag. Architektur an der Japanischen Frauen-Universität Mitarbeit im Büro Toyo Ito & Partner
1987	Gründung des eigenen Architekturbüros: Kazuyo Sejima & Partner
seit 1995	Büropartnerschaft mit Ryue Nishizawa Gastvorlesungen an der Japanischen Frauen-Universität, Science University Tokyo zahlreiche Auszeichnungen und Ausstellungen

Dipl. Ing. Architektin

Projektinfo

Federführung:	Kazuyo Sejima Projektteam: Kazuyo Sejima, Ryue Nishizawa, Koichiro Tokimori
Baujahr:	1993–1994
Standort:	Katsuura, Chiba, Japan
Grundstücksgröße:	172,32 m²
Wohn-/Nutzfläche:	152,39 m²
Fotos:	Hisao Suzuki, Barcelona: S. 83–85, 87 unten Shinkenchiku-sha, Tokio: S. 87 oben Büro: SANAA, S. 82

Spannungsvolles Spiel mit
Kuben und Wandscheiben

Eingangsfassade

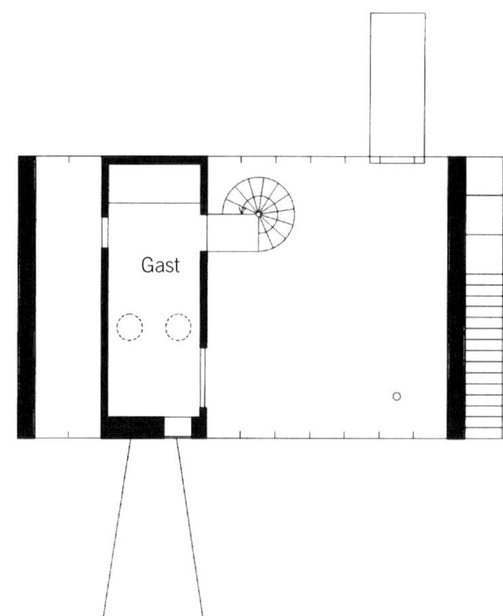

Grundriss
2. Obergeschoss

1:300

Grundriss
1. Obergeschoss

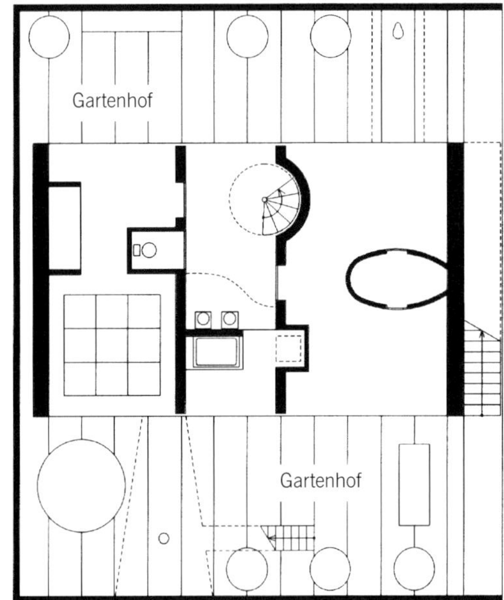

Grundriss
Erdgeschoss

Transluzente Abtrennungen
zwischen Küche, Essplatz
und Wohnraum in geschlos-
senem und geöffnetem
Zustand

Wohnen zur Sonne

Einfamilienhaus
in Niederösterreich

Die Sonne wollten sie im Wohnbereich haben, deshalb entschieden sich Claudia und Asim Dzino für das Wohnen im Obergeschoss – geschlafen wird im Erdgeschoss.

Das Straßenhaus in Mödling, einem ehemaligen Vorstadtbereich einer Kleinstadt südlich von Wien, ist nord-süd-orientiert. Dadurch, dass die Nachbarbebauung sich tief in das Grundstück hinein entwickelt, wird insbesondere in den Jahreszeiten mit niedrigem Sonnenstand das Erdgeschoss verschattet, was zu der eher unüblichen Geschossaufteilung führte.

Das Gebäude ist für die eigene Familie mit drei Kindern geplant worden, eine spätere mögliche Veränderung, zum Beispiel Wohnraum für ein Großelternteil im Erdgeschoss, wurde gleich eingeplant. Das Erdgeschoss gliedert sich in einen Elternteil und einen Kinderteil, beide voneinander getrennt durch einen breiten »Weg« in den Garten, der mit ungeschliffenem Schiefer gepflastert ist. Zur Straße hin ist jeweils ein Bad und ein Schrankzimmer als »Puffer« angeordnet. Die drei Kinderzimmer sind durch Schiebewände getrennt, sodass sich auch ein einziger großer Raum herstellen ließe.

Die offene Küche bildet das Zentrum der Wohnetage im ersten Obergeschoss. Die dem großen Allraum vorgelagerte Veranda mit Terrasse bietet eine attraktive Alternative zum Gartensitzplatz. Eine schmale, einläufige Treppe stellt von hier die Verbindung zum Garten her.

Über der Küche befindet sich eine kleine Galerie, die über eine schräge Regal-Stiege erreicht wird. Von hier ermöglicht eine Spindeltreppe den Zugang auf den kleinen Ausguck oberhalb des Dachs. Ein Einzelofen im großen Wohnraum sorgt in der Übergangsjahreszeit für wohlige Wärme und ermöglicht das Verbrennen von (Garten-)Abfällen.

Das Gebäude präsentiert sich der im Norden gelegenen Straße eher verschlossen, während es sich zum Garten hin durch seine großflächigen Verglasungen weit öffnet. Raumhohe Innen- und Außentüren unterstreichen die Großzügigkeit. Ein leicht geneigtes Pultdach, das sich nach Süden öffnet, bildet den horizontalen Abschluss.

Die tragenden Mauerteile sind aus wärmegedämmten Ziegeln, die Säulen auf der Südseite aus Stahlbeton. Nichttragende Bauteile sind als Holz-Pfosten-Riegel-Konstruktion ausgebildet, die Zwischenwände in Trockenbauweise.

Rechts oben: Verglaste Gartenseite zur Sonne

Unten: Geschlossene Straßenfassade mit Eingang

Claudia Dzino

1963	geboren in Wien
1981–1988	Studium an der Technischen Universität Wien
1986	Internationale Sommerakademie Salzburg
1989	Mitarbeit im Büro Hans Lechner bzw. Hans Lechner ZT GmbH, Wien
1993	Ziviltechnikerprüfung Architektur
seit 1996	Büropartnerschaft mit Asim Dzino
	3 Kinder (8, 6, 4 Jahre)

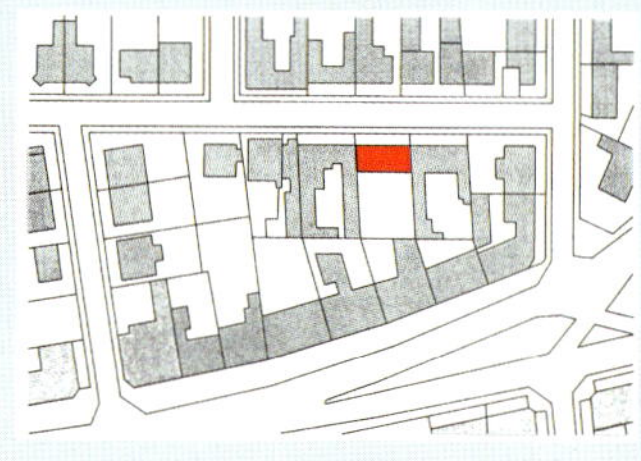

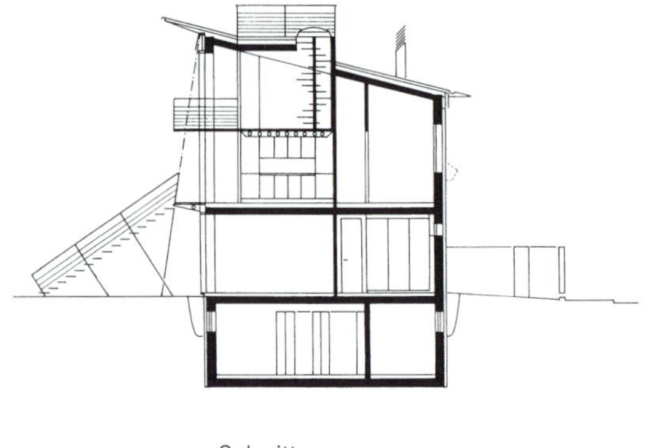

Schnitt

Grundriss
Galerieebene

Angeschrägte Regal-
treppe zur quadratischen
Galerie über der Küche

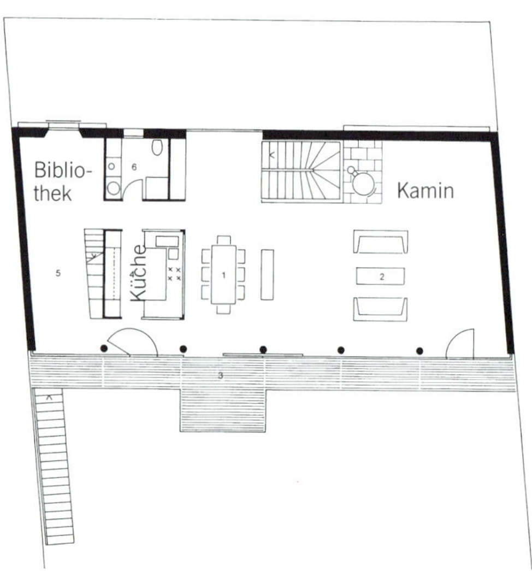

Grundriss
1. Obergeschoss

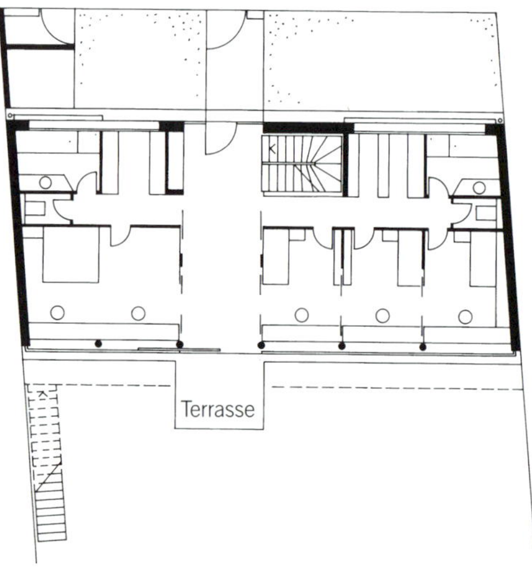

Grundriss
Erdgeschoss

Projektinfo

Federführung:	Claudia Dzino arbeitet in Bürogemeinschaft mit Asim Dzino. Das Projekt entstand in Partnerschaft.
Baujahr:	1997
Standort:	Mödling, südlich von Wien
Grundstücksgröße:	ca. 693 m^2
Wohnfläche:	255 m^2 und 7 m^2 Galerie
Anzahl der Bewohner/innen:	5 Personen
Baukosten:	1179,48 €/m^2 (netto)
Fotos:	Helmut Tezak, Graz

Balkon im 1. Obergeschoss mit Zugang zum Garten

Zentraler Essplatz neben der offenen Küche, dahinter der obere Teil des zweigeschossigen Eingangselements

Wohnen über der Wiese

Ein Haupt- und Nebenhaus mit Fuge

Das Einfamilienhaus wurde in Kreuztal-Fellinghausen auf einer Feuchtwiese gebaut, einem Gebiet, das dem nahe gelegenen Heesbach bei Hochwasser als Ausdehnungsfläche dient und als Bauland somit wenig geeignet schien.

Durch das von der Architektin entwickelte Konzept der komplett aufgeständerten Konstruktion konnnte die zuständige Baubehörde letztendlich davon überzeugt werden, das elterliche Grundstück der Bauherrschaft nun doch als Bauland auszuweisen.

Zwei klare Baukörper, die als Haupt- und Nebenhaus mit einer »Erschließungs-Fuge« leicht erkennbar sind, bilden das Ensemble dieses Erstlingswerks. Die Wohnräume sind nach Süden orientiert, der eingeschossige Anbau mit seinen Nebenräumen dient als Puffer nach Norden. Diese Anordnung ermöglicht nicht nur die Nutzung von passiver Sonnenenergie, sondern schafft sich selbst auch einen Schallschutz.

Ein großzügiger Koch-, Ess- und Wohnbereich bildet neben dem Gästezimmer mit Dusche und WC das Erdgeschoss des Haupthauses. Durch Glasschiebeelemente kann der Wohnraum zur vorgelagerten Terrasse hin geöffnet werden. Die drei Individualräume zum Sich-zurückziehen und ein Bad sind im Obergeschoss angeordnet.

Ein auf 16 Punktfundamenten ruhender Stahlrahmen ermöglicht die Aufständerung der Holzrahmenkonstruktion. Die Außenwände bestehen aus hinterlüfteter unbehandelter Holzverschalung, der wärmegedämmten Tragkonstruktion und einer innen liegenden Installations-Wand mit Gipskartonbeplankung.
Anita Schepp verfolgte mit ihrem Projekt ein ökologisches Konzept. Sie verwendete möglichst unbedenkliche Baustoffe und erreichte mit Hilfe von hoher Wärmedämmung Niedrigenergiestandard. Die Wärmeerzeugung erfolgt über einen erdgasbefeuerten Brennwertkessel. Das Regenwasser wird zur Zeit direkt in die umliegenden Wiesen und über Gräben zum nahe gelegenen Heesbach geleitet. Vorbereitungen zur späteren Nutzung von Regenwasser im Sanitärbereich sind bereits getroffen worden. Auf die Versiegelung von Außenflächen wurde komplett verzichtet.

Das Gebäude vermittelt eine sehr angenehme Zurückhaltung in seinen Material- und Formentscheidungen. Dadurch erreicht die Architektin eine modeunabhängige Architekturqualität.

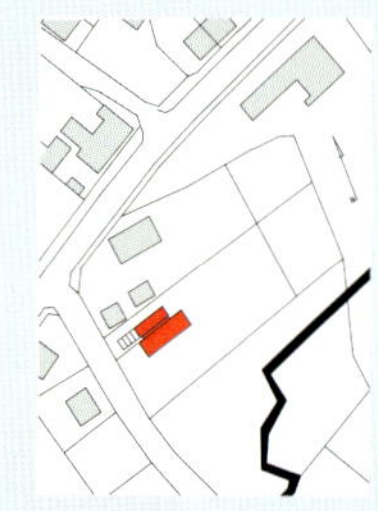

Anita Schepp

| 1968 | geboren in Hartenrod, Hessen
Bauzeichnerin
Architekturstudium an der FH Köln und der TU Graz |
| 1999 | Diplom
studentische Mitarbeit in diversen Kölner Architekturbüros |

Projektinfo

Federführung:	Anita Schepp
Baujahr:	1996/1998
Standort:	Kreuztal
Grundstücksgröße:	1 480 m²
Wohnfläche:	145 m²
Nutzfläche:	28 m²
Baukosten:	2 020 DM/m² Wohn-/Nutzfläche ohne Unterkellerung; sehr hoher Eigenleistungsanteil
Anzahl der Bewohner/innen:	4 Personen
Fotos:	Gerda-Marie Reinartz und Martin C. Schmidt

Eingangssteg zwischen
Haupt- und Nebengebäude

Südseite mit Terrasse

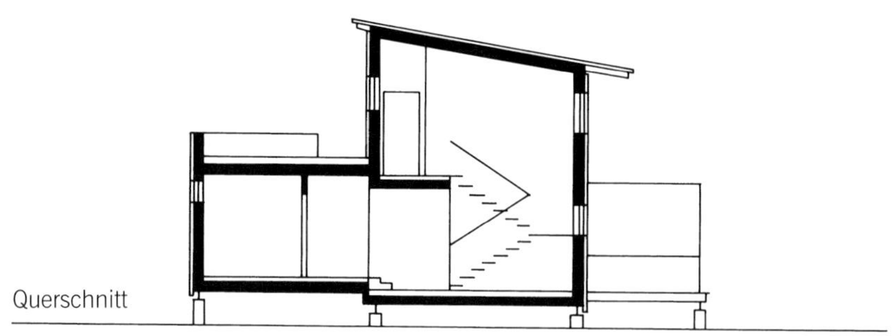

Querschnitt

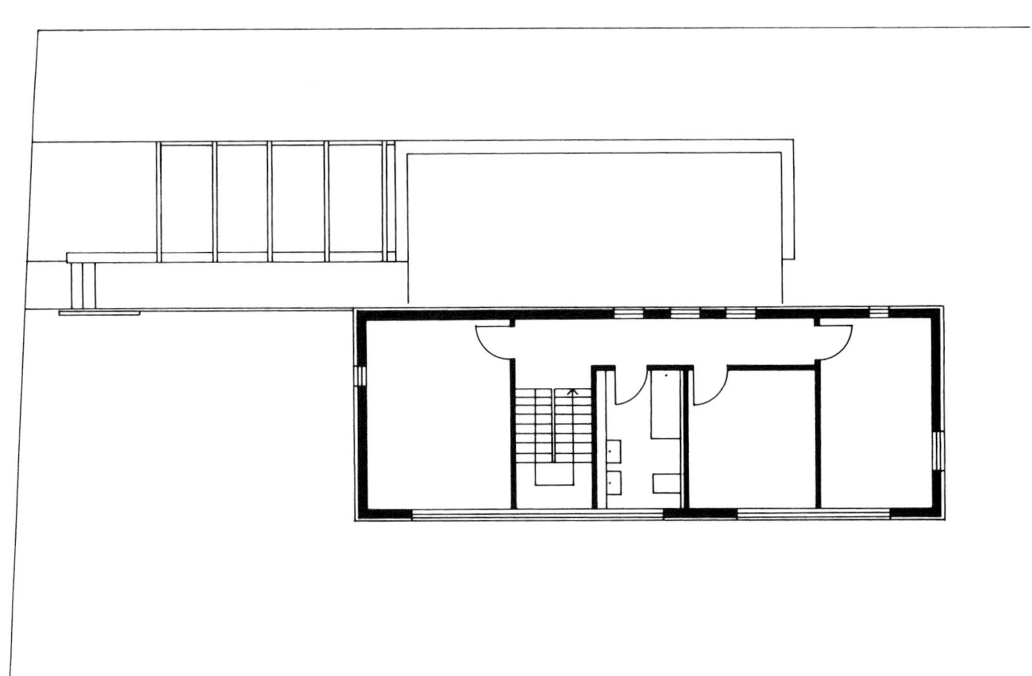

Grundriss
Obergeschoss

1:200

Grundriss
Erdgeschoss

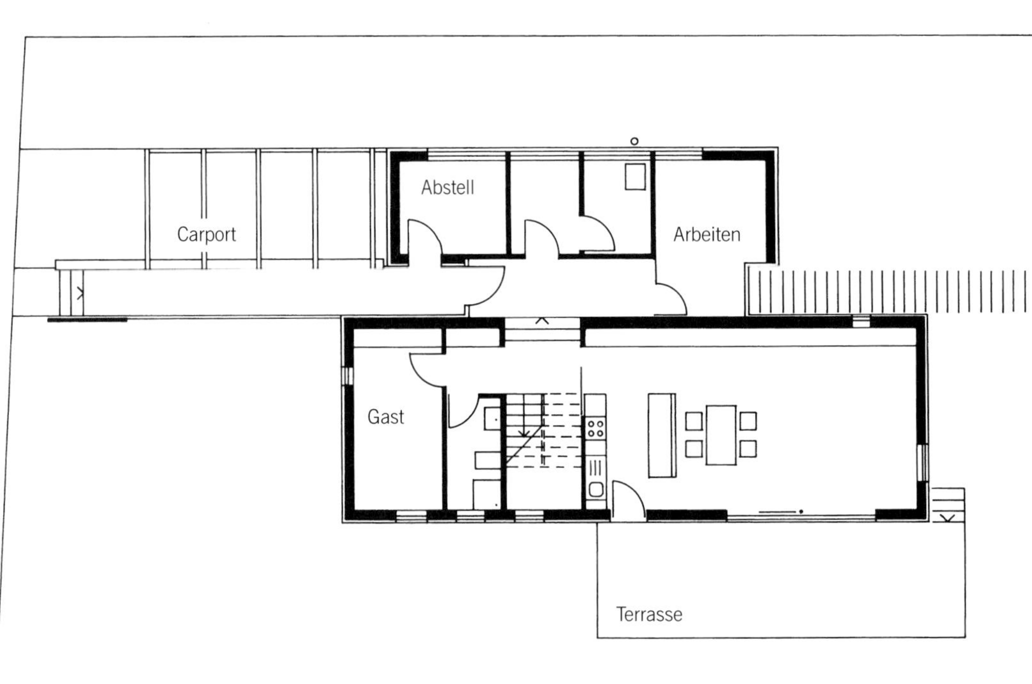

Ein Haupt- und Nebenhaus in Kreuztal-Fellinghausen   95

Zwei gegensätzliche Welten
im Cross-House-Projekt

Einfamilienhaus in Den Haag

In einem Vorort von Den Haag in Holland waren acht Grundstücke für Einfamilienhäuser vorgesehen, zu denen verschiedene namhafte Architekten Ideen entwickeln sollten. Für das Grundstück im Nord-Westen schlug Zaha Hadid verschiedene Alternativen vor.

Die Architektin wollte sich mit ihrem Konzept möglichst frei machen von den starren Konventionen ihrer Aufgabe, dem Entwurf eines Einfamilienhauses. Bei der hier vorgestellten Lösung, dem Cross House, arbeitet Zaha Hadid mit zwei gegensätzlichen »Welten«. Die untere Ebene senkt sie in das Gelände hinein, introvertiert, dem Außenraum den Rücken zukehrend, mit einem eingeschnittenen Innenhof. Die Form, die dieser Hof als Negativ-Form bildet, wird nun als Positiv-Form herausgenommen und überkreuz auf die untere Ebene gestellt. Diese obere Etage öffnet sich großzügig nach außen.

Durch Staffelungen auf verschiedenen Niveaus mit Rampe und Stufen wird die Raumanordnung um das introvertierte Zentrum, den Innenhof, verstärkt. Der Gehlinie folgend werden die Ebenen und Räume immer privater.

Eine zweiläufige, skulpturale Treppe schafft eine Zäsur zwischen Eingangsbereich und Essplatz und bildet die Verbindung zur oberen Ebene. Die Service-Räume bilden eine »Pufferzone« nach außen und verstärken die Abgrenzung.

Der loftartige Gemeinschaftsraum schwebt als obere Ebene ost-west-orientiert über der Basis. Auf dieser Ebene scheint es ausreichend Distanz zu geben, um sich wieder dem Außenraum zu öffnen.

Der Entwurf symbolisiert auf provokante Art die Spannung zwischen dem Bedürfnis nach dem eigenen geschützten Kosmos, dem Bedürfnis nach Rückzug und der Neugier auf die Welt.

Zaha Hadid

1950	geboren in Bagdad, Irak Architekturstudium an der Architectural Association in London
1977	Diplom mit Auszeichnung Im Anschluss Mitarbeit im Office of Metropolitan Architecture (OMA)
1980–1987	Lehrtätigkeit an der Architectural Association zusammen mit Rem Koolhaas und Elia Zenghelis. Dort bis 1987 Leitung eines eigenen Ateliers
1986–1994	Gastprofessur an der Graduate School of Design der Harvard University Cambridge
1997	Lehrstuhl an der School of Architecture, University of Chicago; zahlreiche internationale Wettbewerbserfolge

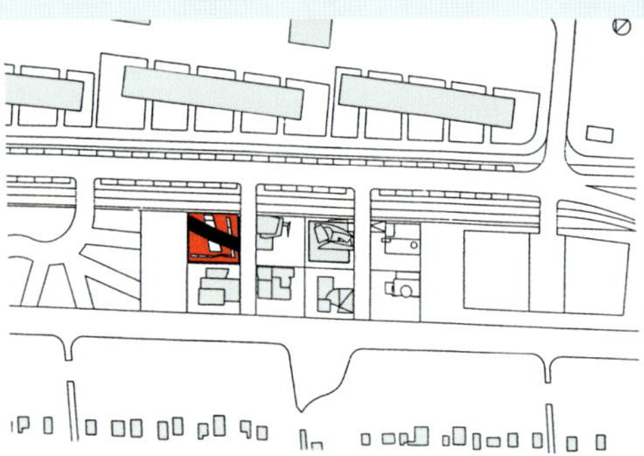

Projektinfo

Federführung:	Zaha Hadid; Mitarbeit: Craig Kiner, Patrik Schumacher, Youssif Albustani, Daniel Oakley, John Stewart, Christine Verissimo, David Gomersall
Modellbau:	Tim Price, Craig Kiner
Entwurf:	1991
Standort:	Den Haag, Holland
Anzahl der Bewohner/innen:	2–4 Personen
Fotos:	Edward Woodman, Architekturbüro Zaha Hadid, London

Modell von Nordosten: Straßenseite mit Eingang

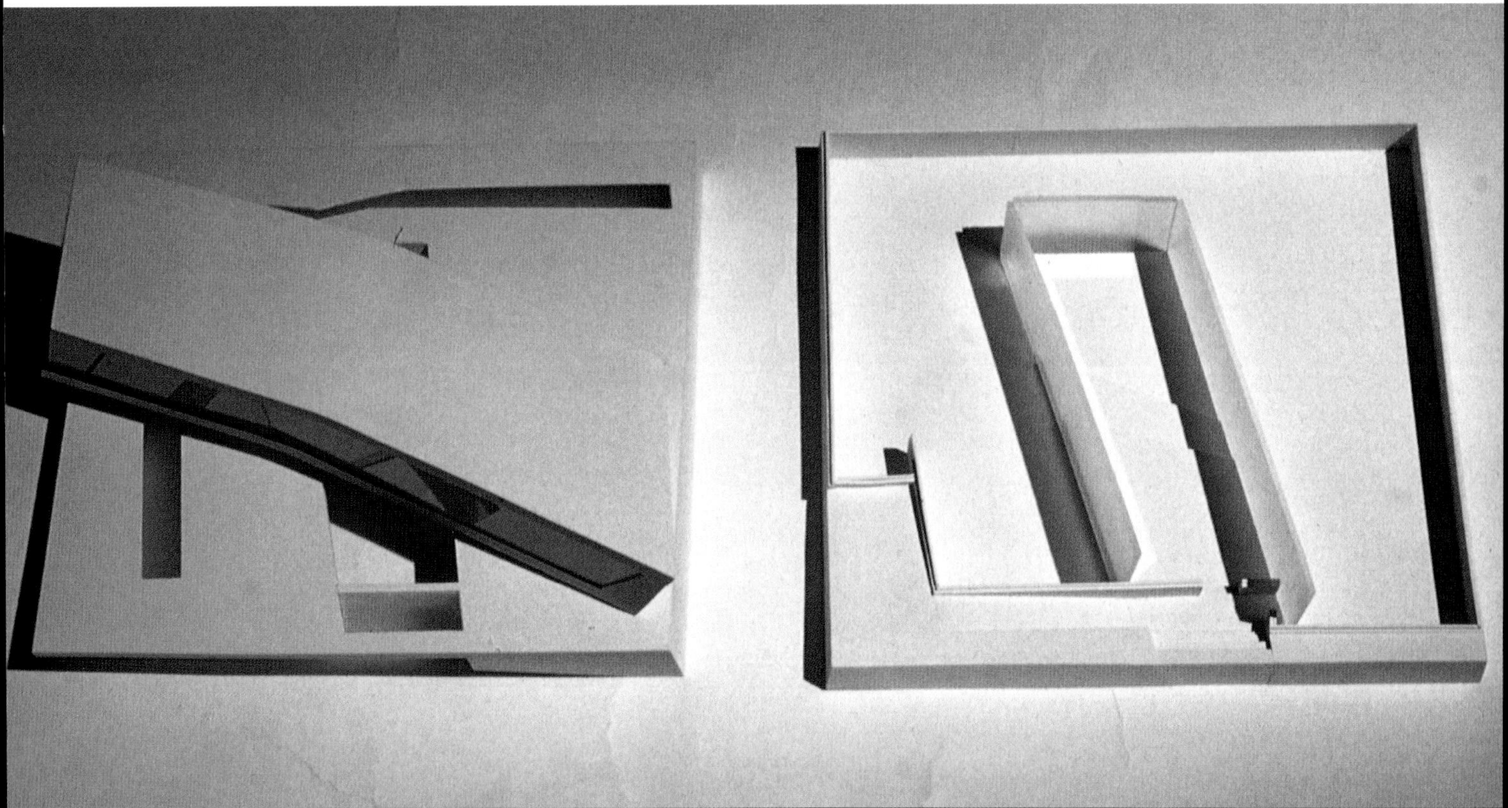

Links: Dachaufsicht, rechts: Blick in das Erdgeschoss mit Innenhof

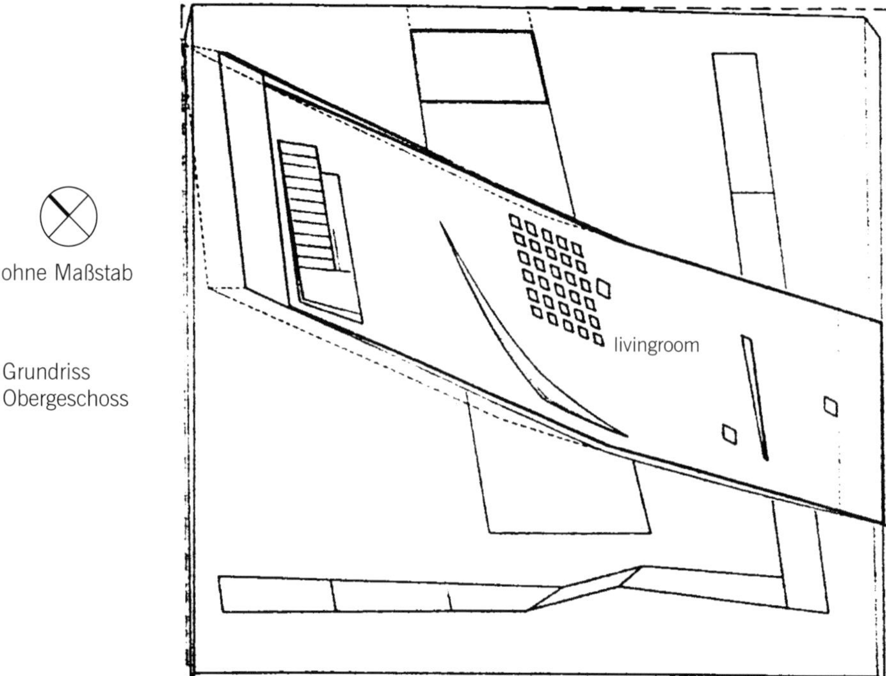

ohne Maßstab

Grundriss
Obergeschoss

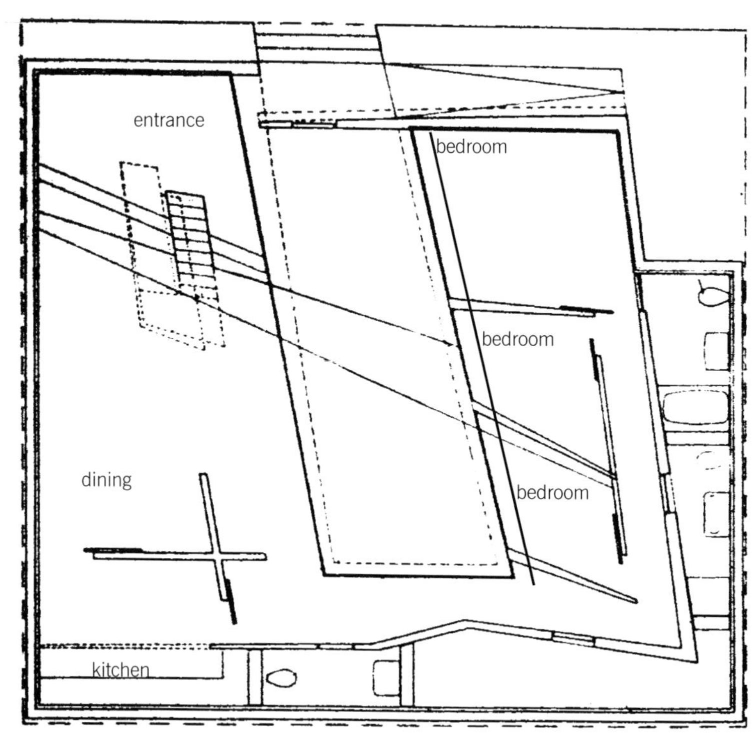

Grundriss
Erdgeschoss

Grundrissvariante Erdgeschoss

Zwei Ansichten, sich überlagernd

Transparenz
und Schichtung

Wohnen am Ortsrand von Au am Rhein

Das Grundstück dieses Einfamilienhauses liegt am Rande eines kleinen Ortes in den Rheinauen bei Karlsruhe, in einem Einfamilienhausgebiet am Ende einer Wohnstraße. Es grenzt an ein Landschaftsschutzgebiet. Firstrichtung und geneigtes Satteldach waren baurechtliche Vorgaben.

In der nach Norden weitgehend geschlossenen Massivhaushälfte sind die individuellen Zimmer als Rückzugsräume untergebracht. Im Kontrast dazu beherbergt die südliche Haushälfte mit ihren wenigen aussteifenden Wänden die Gemeinschaftsräume.

Erschlossen wird das Haus über einen Zwischenbereich mit Treppe. Auf der Eingangsebene liegt der Wohn-/Essbereich mit Küche. Von hier ein halbes Geschoss höher ist die Ebene für die Kinder angeordnet. Wieder ein halbes Geschoss versetzt befindet sich eine offene Wohngalerie über dem Wohnzimmer. Im Dachgeschoss, wiederum ein Halbgeschoss höher, befinden sich im Massivhausteil die Zimmer der Eltern.

Verbindendes Element im Zwischenbereich ist die Treppe. Hier in der »Fuge« zwischen Rückzugsbereich und Gemeinschaftsräumen, wo südlicher Holzständerbau und nördlicher Massivbauteil aufeinandertreffen, prägt die Bücherregalwand den Raum.

Dagmar Eisermann beschreibt ihre Entwurfsentscheidungen so: »Das Innere des Hauses präsentiert sich als ein räumlich großzügiges und abwechslungsreiches Gefüge mit Querbezügen und Einzelbereichen, die schon durch die Architektur individuellen Charakter haben. Das Material bestimmt die Atmosphäre im Innenraum. Sie ist licht und wohnlich. Durch-

blicke und Innenfenster unterstützen die gemeinschaftlichen Kontakte. Material und Farbe sind als atmosphärische Elemente eingesetzt.«

Die passive Nutzung der Sonnenenergie in den Wintermonaten, in denen die Sonne durch den flachen Einstrahlungswinkel bis auf den massiven Gebäudeteil scheint, wirkt sich positiv auf die Energiebilanz aus.

Dagmar Eisermann

1961	geboren
1980–88	Architekturstudium in Karlsruhe, Wien, Salzburg, London
1988	Diplom Zusammenarbeit mit verschiedenen Architekturbüros, selbstständige Projekte, Wettbewerbe, Ausstellungen
1992–98	wissenschaftliche Mitarbeiterin am Institut für Öffentliche Bauten und Entwerfen, Prof. Karla Kowalski, Universität Stuttgart
seit 1993	eigenes Büro

Projektinfo

Federführung:	Das Projekt entstand in Zusammenarbeit mit Martin Kaffenberger. Die Federführung zu diesem Projekt lag bei Dagmar Eisermann.
Baujahr:	1996/97
Standort:	Au am Rhein
Grundstücksgröße:	ca. 700 m²
Wohnfläche:	ca. 244 m²
BRI:	ca. 1 194 m³
Baukosten:	ca. 1 865 DM/m²
Anzahl der Bewohner/innen:	4 Personen
Fotos:	Atelier Altenkirch, Karlsruhe

Kontrast zwischen filigraner
Holzständerbauweise und
Massivbau

Transparenter Wohnbereich
nach Süden

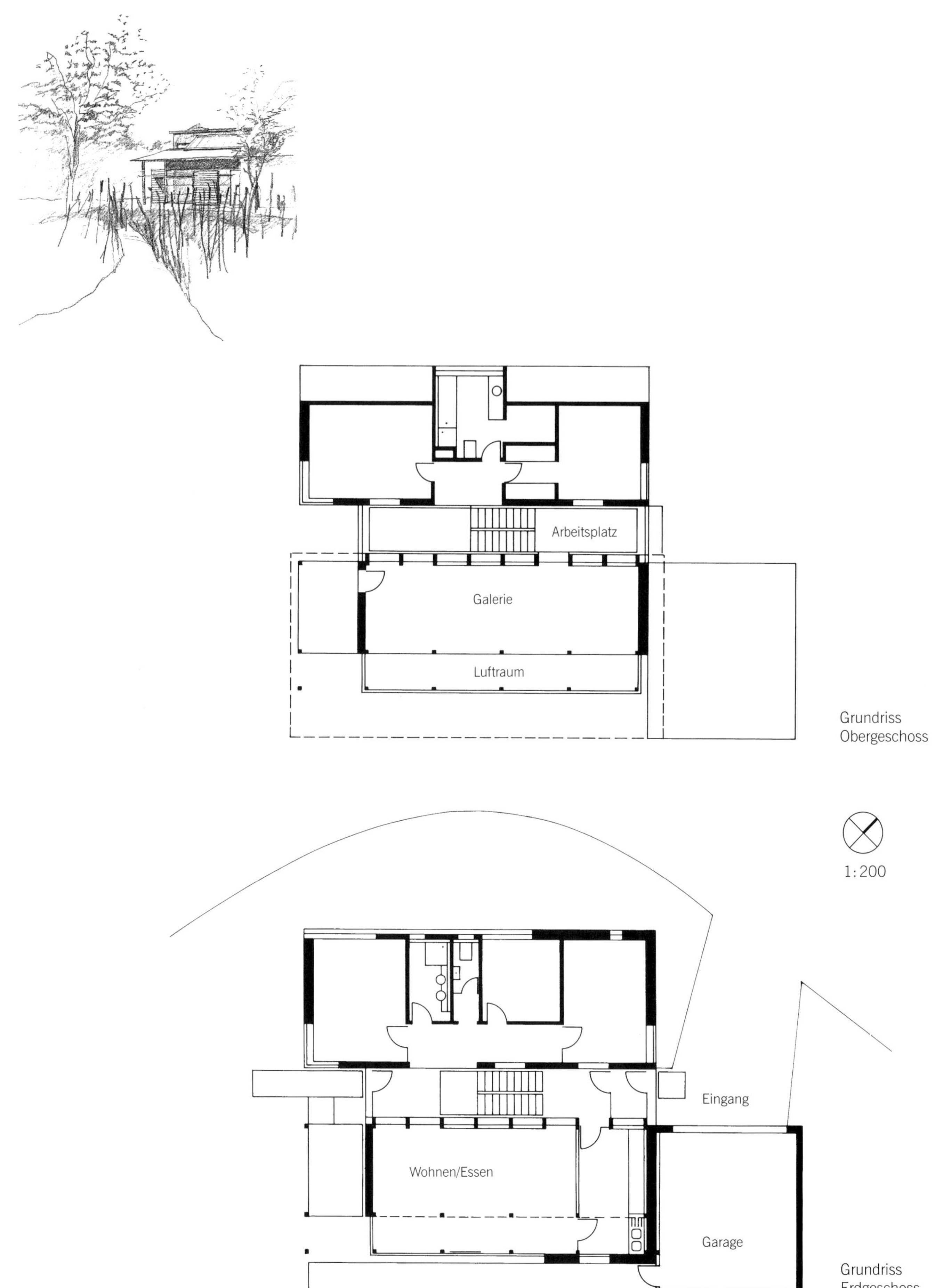

Arbeitsplatz
Galerie
Luftraum
Grundriss
Obergeschoss
1:200
Wohnen/Essen
Eingang
Garage
Grundriss
Erdgeschoss

Wohnraum mit zurückgesetz-
ter Galerie

Zweigeschossige Regalwand
in der Treppenhaus-Fuge

Repräsentation

Ein Haus mit vielen Gartenausgängen am Hang in Esslingen

Die Herausforderung für Angelika Asseburg bestand in einem schmalen, steil nach Süden abfallenden Grundstück, das einerseits optimal bebaut, gleichzeitig aber auch den hohen Erwartungen des Bauherrn gerecht werden sollte. Es wurden großzügige, repräsentative Räumlichkeiten gewünscht, die vor Einblicken von außen abgeschirmt sein sollten.

Die Architektin passte das Gebäude dem natürlichen Gelände an, schob Nebenräume in den Hang hinein und schaffte durch verschiedene Niveaus unterschiedliche Terrassen und Ausgänge in den Garten.

Auf der Eingangsebene befindet sich der repräsentative Teil mit offener Küche, Bar, Essplatz und Musizierbereich. Ein Kachelofen mit Sitzbank lädt zum Verweilen ein. Verschiedene Fenstertüren führen von hier in den Garten. Über eine Treppe werden die Rückzugs- und Schlafräume im Obergeschoss mit Bad und Sauna erreicht. Eine große Dachterrasse ist von der Sauna aus zugänglich und wird durch Bepflanzungen vor Einblicken geschützt. Im unteren Geschoss befindet sich eine weitere Wohnung mit verschiedenen Ausgängen in den Garten.

Angelika Asseburg kontrastiert ihre sehr eigenwillige Formensprache der vielfältig differenzierten Räume in Bezug auf Materialien und Farbe mit Zurückhaltung. So sind alle Böden des Erdgeschosses, Sockel und Kachelofen mit Bank sowie sämtliche Podeste, Stufen und Treppen mit weiß-grauem Carrara-Marmor belegt. Alle Wände sind glatt geputzt, geschliffen und hellgrau lasiert. Dies ermöglicht es der Bauherrschaft, ihre Sammelobjekte vor einem ruhigen Hintergrund zu zeigen. Dem repräsentativen Anspruch wird die Architektin durch die Materialwahl gerecht.

»Die Dachformen folgen den Baukörpern«, so die Architektin. Die Pultdächer, parallel zur Straße versetzt, nehmen die Neigung der in diesem Gebiet vorhandenen Satteldächer auf, der Kubus hat jedoch anstelle eines Dachs eine begrünte Dachterrasse mit reizvoller Aussicht.

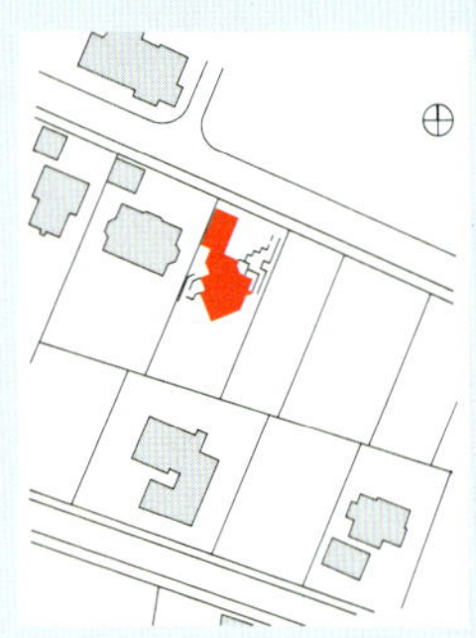

Angelika Asseburg

1940	geboren in Freiburg/ Breisgau
	Studium der Innenarchitektur und der Architektur an der TH Karlsruhe/TU Berlin
1967	Diplom an der TU Berlin Heirat mit Axel Asseburg
1968	Geburt der Tochter Muriel
seit 1969	eigenes Büro
seit 1975	Lehrbeauftragte für Gebäudelehre an der Fachhochschule für Technik Stuttgart
seit 1980	Bürogemeinschaft mit Axel Asseburg

Projektinfo

Federführung:	Angelika Asseburg arbeitet in Bürogemeinschaft mit Axel Asseburg. Die Federführung zu diesem Projekt lag bei Angelika Asseburg.
Baujahr:	1993/1994
Standort:	Stuttgart
Grundstücksgröße:	770 m^2
Wohnfläche:	250 m^2
BRI:	1060 m^3 ohne Nebengebäude
Baukosten:	4800 DM/m^2 ohne Nebengebäude, ohne Außenanlagen, ohne Gerät und Einrichtung
Anzahl der Bewohner/innen:	Hauptwohnung: 2 Personen, Gartenwohnung: 2 Personen
Sonstiges:	Die Bepflanzung war Eigenleistung des Bauherrn
Fotos:	Axel Asseburg, Stuttgart: S. 104, 105 oben, 107 oben Wolfram Janzer, Stuttgart: S. 105 unten, 106, 107 unten

Eingangsportal mit
Rankgerüst

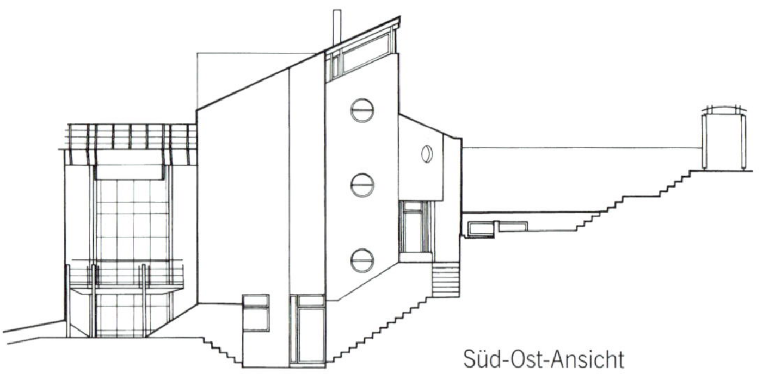
Süd-Ost-Ansicht

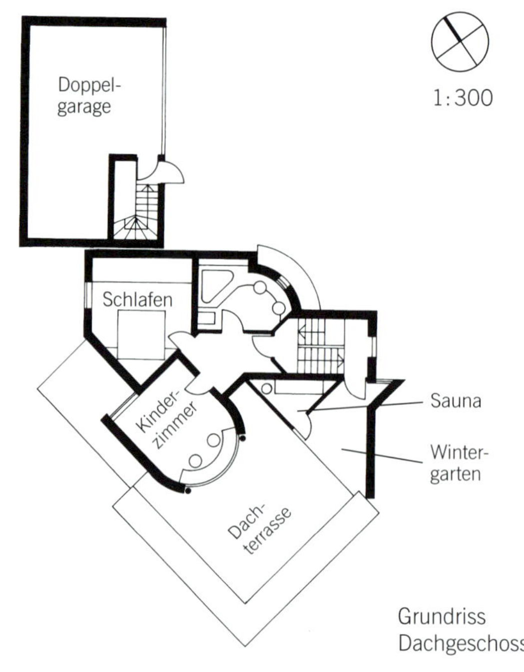

Grundriss
Dachgeschoss

Badinszenierung

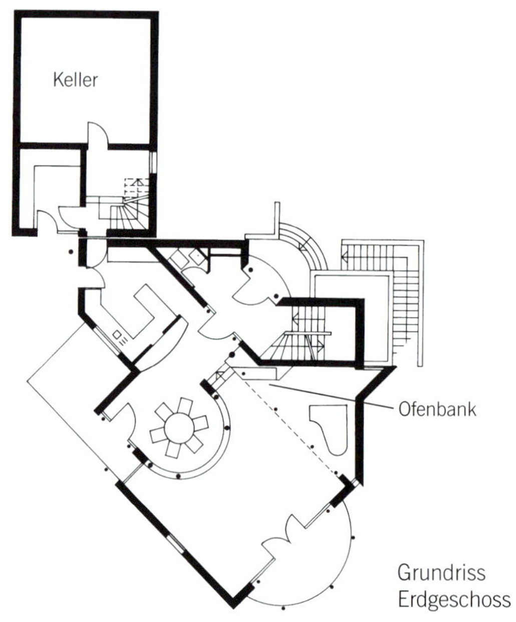

Grundriss
Erdgeschoss

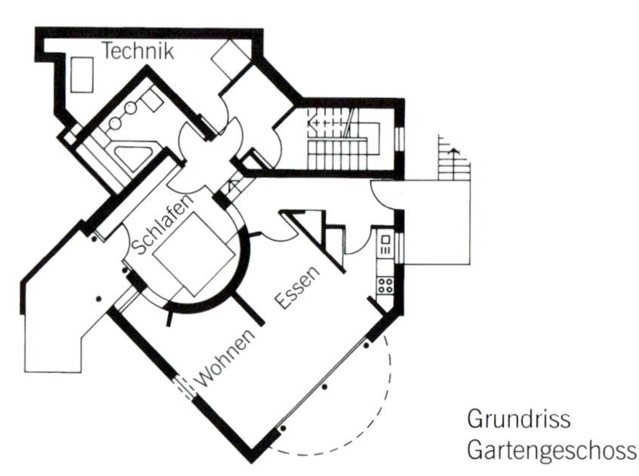

Grundriss
Gartengeschoss

Blick Richtung Essbar

Blick auf die Ofenbank
mit Galerie darüber

Haus mit blauer Tür

Einfamilienhaus in Wolfenbüttel

Auf einer Bergkuppe am Ortsrand von Wolfenbüttel in einem Neubaugebiet wurde dieses Einfamilienhaus für die eigene Familie errichtet. Gabriele Gropp-Stauth orientierte ihr Gebäude zum unverbaubaren Landschaftsraum hin mit seinen wechselnden Stimmungen in der Natur.

Sie entwickelte ein zweigeschossiges Hauskonzept. Im Erdgeschoss bilden die Funktionsräume mit Sanitärbereich und Eingang sowie zwei Individualräumen (Elternschlafzimmer und Arbeitsraum) den Rücken zur Straße. Auf der Gartenseite im süd-westlichen, etwas tiefer gelegenen Gebäudeteil befinden sich die verschiedenen Wohnbereiche mit Küche. Sie werden gegliedert durch den Terrasseneinschnitt und den offenen Kamin.

Eine einläufige Treppe führt vom innenliegenden Flur in das erste Obergeschoss. Hier befindet sich der Kinderbereich mit Gästezimmer und separatem Duschbad. Durch geschickte Anordnung konnte die Architektin hier mit Hilfe der Zweidrittel-Lösung und einem 2,30 m hohen Drempel diese Ebene trotz des Bebauungsplans, der nur ein Geschoss vorsah, realisieren. Die Kinderzimmer sind durch ihre dreiseitige Verglasung lichtdurchflutet.

Die Fassadengestaltung spielt mit dem Kontrast von offenen und geschlossenen Flächen, warmen und kalten Materialien. So ist die Stülpschalung aus Zedernholz, die zu öffnenden Holzfensterflügel mit Teakanstrich und die horizontalen und vertikalen Fensterbänder in einer Aluminium-Holz-Pfostenriegelkonstruktion ausgebildet. Auf der Zugangsseite führt eine leichte verzinkte Stahlrampe zur leuchtend blauen Eingangstür mit dem grünen Glasdach aus zwei VSG-Scheiben.

Auf der Gartenseite verweben sich Außen- und Innenraum über den integrierten, windgeschützten Freisitz und das vorgelagerte Holzpodest mit Garten.

Das Gebäude wurde in Mischbauweise erstellt. Das Dach zeigt innen seine sichtbaren Sparren. Eine Aufsparrendämmung sorgt für den notwendigen Wärmeschutz. Um das Zinkblechdach möglichst filigran erscheinen zu lassen, wurde der Dachvorsprung als nicht gedämmter Bereich tiefer gelegt und von der Dachentwässerung losgelöst.

Gabriele Gropp-Stauth

1957	geboren in Braunschweig Architekturstudium an der TU Braunschweig
1983	Diplom
1984–1987	Assistentin am Institut für Gebäudelehre, TU Braunschweig
seit 1988	selbstständige Tätigkeit und freie Mitarbeit im Büro Struhk + Partner, Braunschweig
seit 1999	Partnerin im Architekturbüro Struhk + Partner
1996–1998	Lehrauftrag FH Bern, Burgdorf

Projektinfo

Federführung:	Gabriele Gropp-Stauth
Baujahr:	1997
Standort:	Wolfenbüttel
Grundstücksgröße:	931 m²
Wohnfläche:	230 m²
Baukosten:	2775 DM/m² (netto) Wohn-/Nutzfläche
Anzahl der Bewohner/innen:	2 Erwachsene, 2 Kinder
Eigenleistungen:	Sämtliche Architekt/innenleistungen, Fliesenarbeiten, Malerarbeiten, Gartenanlage teilweise
Fotos:	Klemens Ortmeyer, Braunschweig

Gesamtansicht mit
eingeschossigem
Gemeinschaftsbereich

Öffnung des Wohn-
bereichs zum Garten

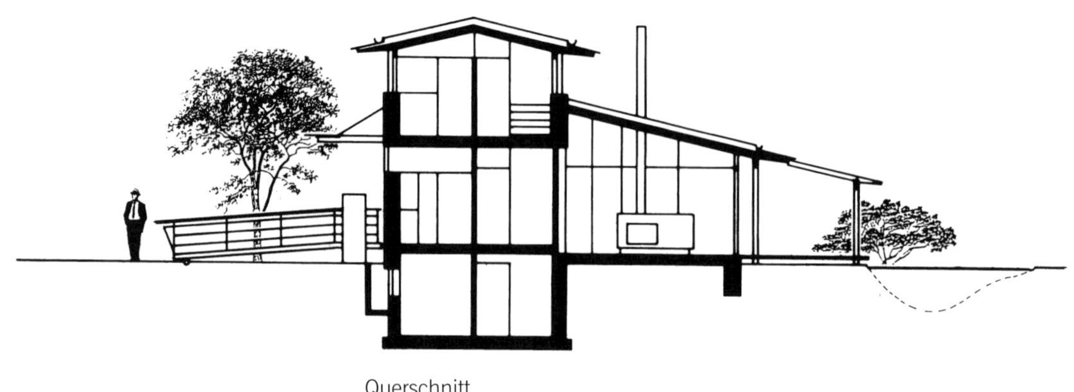

Querschnitt

Grundriss
Erdgeschoss

Grundriss
1. Obergeschoss

1:200

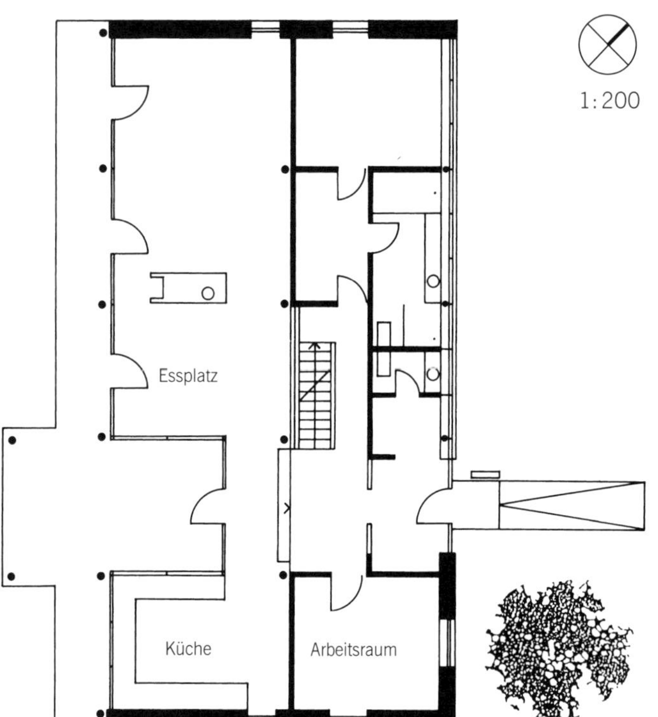

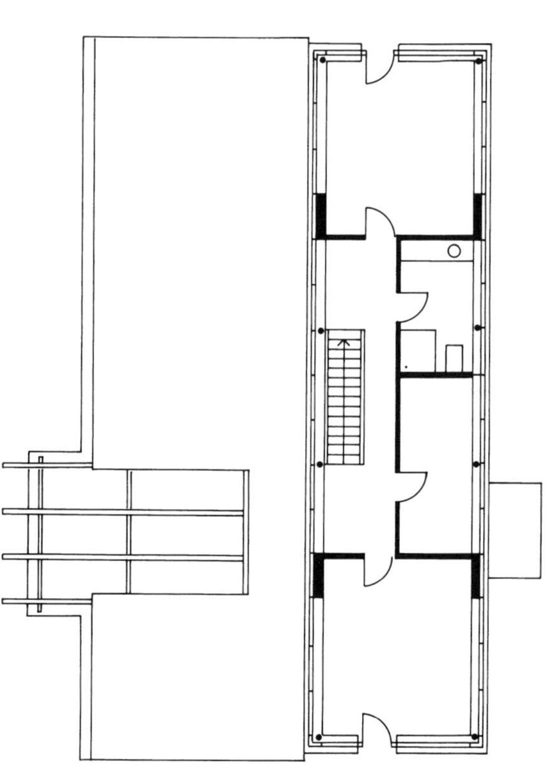

Blaue Eingangstür
mit Steg

Offener Wohnraum
über die gesamte
Hauslänge

Treppenaufgang
und Essplatz

Offenes Wohnen

Ein Stahlskelettbau in Horn am Bodensee

Das Wohnhaus in Horn am Bodensee wurde für eine Familie gebaut. Die Bauherrin, selber Innenarchitektin, übernahm einen wichtigen Part bei der Entwicklung des Raumkonzeptes. Das Gelände fällt von der im Süden gelegenen Straße um ein Geschoss in Richtung des Gartens ab. Aus diesem Grund entschied sich Angelika Blüml mit der Bauherrin für ein Split-level-Konzept.

Das Erdgeschoss bildet einen großen Allraum, von dem über eine filigrane Treppe die untere und die oberen Ebenen erreicht werden. Eine Südterrasse vor dem Essplatz wurde durch Bepflanzungen vor Einblicken von der Straße geschützt. Zwei Individualräume sind auf der »Souterrain-Ebene« niveaugleich dem Garten zugeordnet. Über eine Galerie betritt man den oberen Rückzugsraum mit Aussicht zum See. Darüber, über eine Leiter zugänglich, schwebt das »Vogelnest«, ein reizvoller Platz für die Kinder.

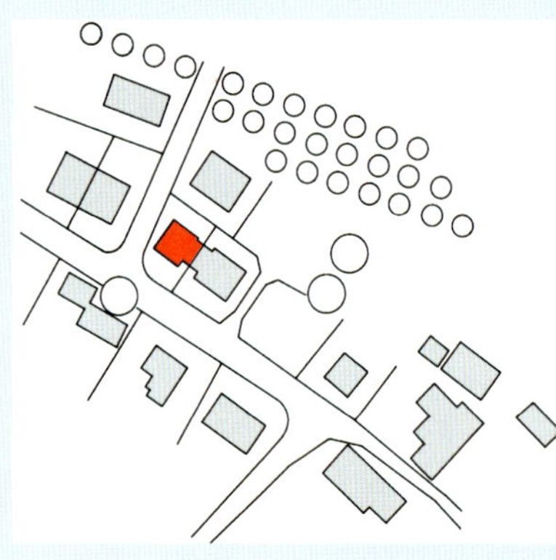

Das »offene Wohnen«, wie es hier realisiert wurde, stellt sicherlich eine Herausforderung für die Bewohnerinnen und Bewohner dar. Durch die akustische und olfaktorische Durchlässigkeit der Ebenen bietet diese Wohnform ein Übungsfeld für Toleranz oder Konfliktbewältigungsstrategien im Zusammenleben. Die »Belohnung« liegt in der Großzügigkeit der Durchlichtung und der Raumhöhen.

Das Gebäude wurde als Stahlskelettbau errichtet. Der Ausbau mit Treppen, Innenverkleidungen, Zwischenwänden in Trockenbauweise sowie den einfachen Holzdielenböden erfolgte schrittweise in Eigenleistung.

Angelika Blüml

1962 geboren in München
bis 1988 Architekturstudium an der TU München
seit 1991 freiberuflich tätig in Radolfzell
seit 1994 auch in Oberstdorf/Allgäu freiberuflich tätig in Zusammenarbeit mit Klaus Noichl

Projektinfo

Federführung:	Angelika Blüml arbeitet in Bürogemeinschaft mit Klaus Noichl. Die Federführung zu diesem Projekt lag bei Angelika Blüml.
Baujahr:	1994/1995
Standort:	Horn am Bodensee
Grundstücksgröße:	340 m²
Wohnfläche:	125 m²
BRI:	664 m³ (incl. Carport)
Baukosten:	2832 DM/m²
Anzahl der Bewohner/innen:	2 Erwachsene, 2 Jugendliche
Besonderheiten:	Zusammenarbeit mit der Bauherrin und Innenarchitektin Birgit Thorn-Burkel. Ausbau teilweise in Eigenleistung
Fotos:	René Lamb, Radolfzell

Nach Südwesten geöffnete Fassade mit Eingang

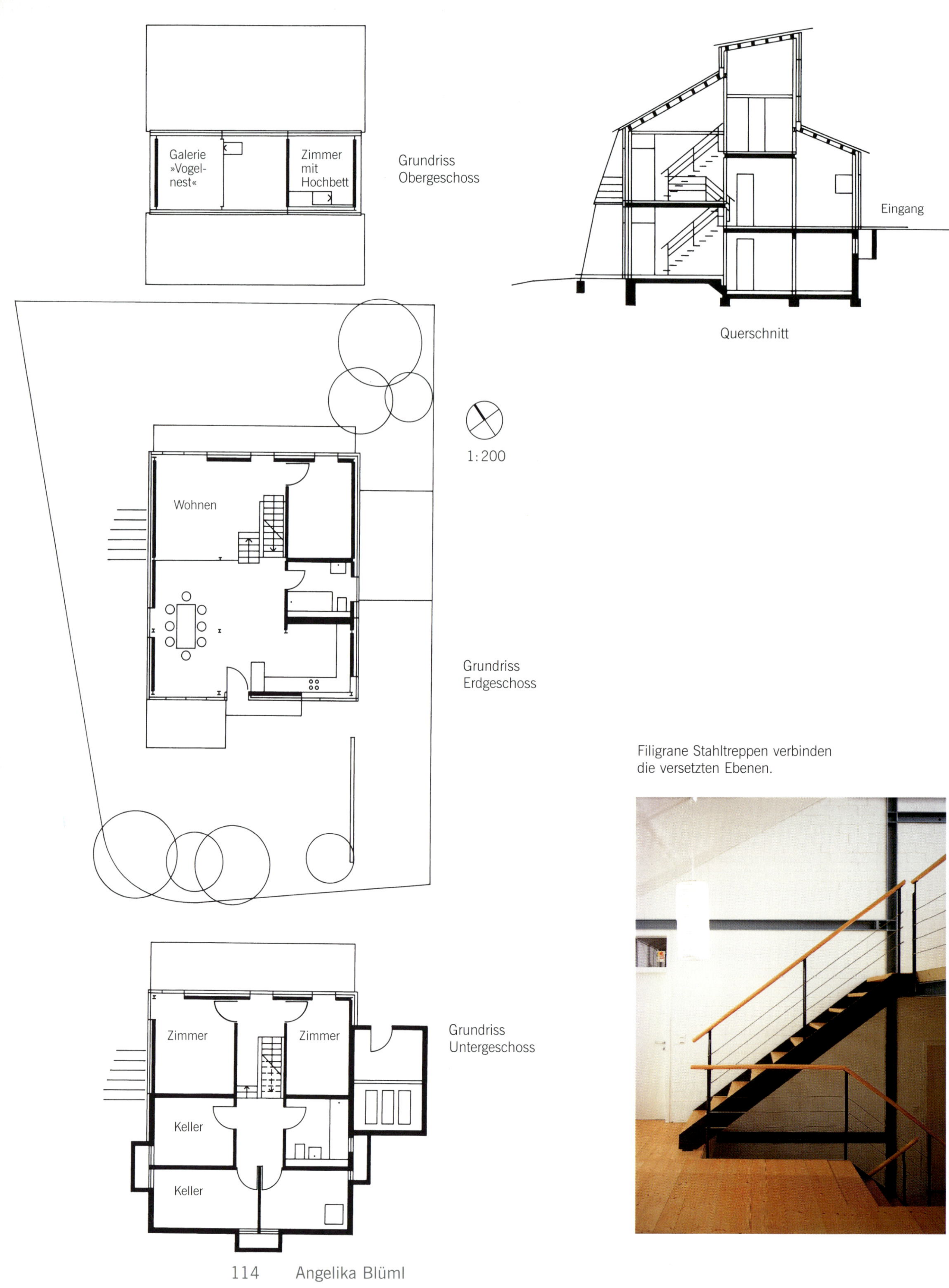

Filigrane Stahltreppen verbinden
die versetzten Ebenen.

114   Angelika Blüml

Sichtbare Stahlkonstruktion mit Verglasung
über Eck und Blick auf die Straße

Offener Allraum mit verschiedenen Wohnebenen

Im Obstgarten

Haus in Künzelsau

In enger Abstimmung der Architektin mit dem Bauherrn ergab sich die Entwurfsidee, auf dem oberen nördlichen Grundstücksteil zu bauen, um eine optimale Aussicht zu erreichen und die Wiese mit dem reichen Obstbaumbestand weitgehend erhalten zu können.

Die Nord-Süd-Ausrichtung der Wohnräume entspricht der Hangneigung, kommt aber auch den ökologischen Zielen einer passiven Nutzung von Sonnenenergie entgegen.

Im nördlichen, dem Hang zugewandten Teil befinden sich auf der Hauptebene die Funktionsräume wie Bad, WC, Schrankraum und Treppe und am östlichen Ende der Hauswirtschaftsraum mit vorgelagerter Terrasse.
Der Hauptwohnraum ist leicht nach außen geschwungen, wodurch von hier aus durch die großzügige Glasfassade nach Süden ein ganz besonders reizvoller Blick auf den Stadtrand entsteht. Die nach außen vorgestellten Stahlstützen dienen zusammen mit einem schmalen Austritt aus Gitterrosten und quer gespannten Stahlseilen als Klettergerüst für blühende Pflanzen – im Sommer ein willkommener grüner Schattenspender. Von der auf der Ostseite vorgelagerten Terrasse, deren Bodenbelag aus Muschelkalkplatten besteht, läuft ein gepflasterter Weg zur Hauptterrasse mitten im Garten, die von großen Bäumen umrahmt wird. Vom Schlaf- und Arbeitsraum des Bauherrn führen neben dem Wohnraum zwei Ausgänge nach draußen.
Auf der unteren Ebene, die gleichzeitig auch Eingangsebene ist, befinden sich eine kleine Einliegerwohnung und eine Sauna.

Die Wahl des Bauherrn für Betonwerksteine war in vielerlei Hinsicht mitbestimmend für den Entwurf des Hauses. Die Außenhülle des Gebäudes, bestehend aus 12 cm Betonstein, 5 cm Luftschicht und 8 cm Wärmedämmung zeigt sich als klassische Lochfassade mit einem umlaufenden Sockel aus Stahlbeton. Nur der Hauptwohnraum bricht mit seiner nach außen geschwungenen Holz-Aluminium-Fassade aus, wodurch die Bedeutung dieses Raumes betont wird.

Regenwasserzisternen liefern das Wasser für den WC-Bereich und den Garten. Eine Energie sparende Heizungsanlage mit Warmwasserspeicher ist kombiniert mit Heizkörpern, einer Fußbodenheizung und einer beheizten Wand im Badezimmer. An trüben Tagen sorgen die Fußbodenheizung und ein offener Kamin für Behaglichkeit.

Andrea Rehm

1958	geboren in Tettnang, Bodenseekreis
1979	Abitur in Überlingen
1988	Architekturstudium und Diplom an der Universität Stuttgart
1988–1995	Mitarbeit in den Stuttgarter Architekturbüros Hans Klumpp, Mühleisen + Partner, Peter Kopp Teilnahme an mehreren Wettbewerben
seit 1995	eigenes Architekturbüro in Stuttgart
1997	Geburt eines Sohnes

Projektinfo

Federführung:	Andrea Rehm, Freie Architektin
Baujahr:	1998
Standort:	Künzelsau
Grundstücksgröße:	4 028 m²
Wohnfläche:	215 m²
Nutzfläche:	28 m²
Baukosten:	2 800 DM/m²
Anzahl der Bewohner/innen:	2 Personen
Fotos:	Valentin Wormbs, Stuttgart

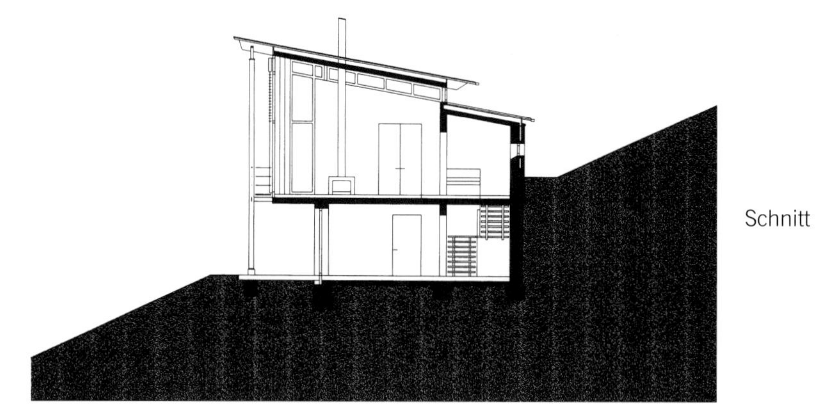

Schnitt

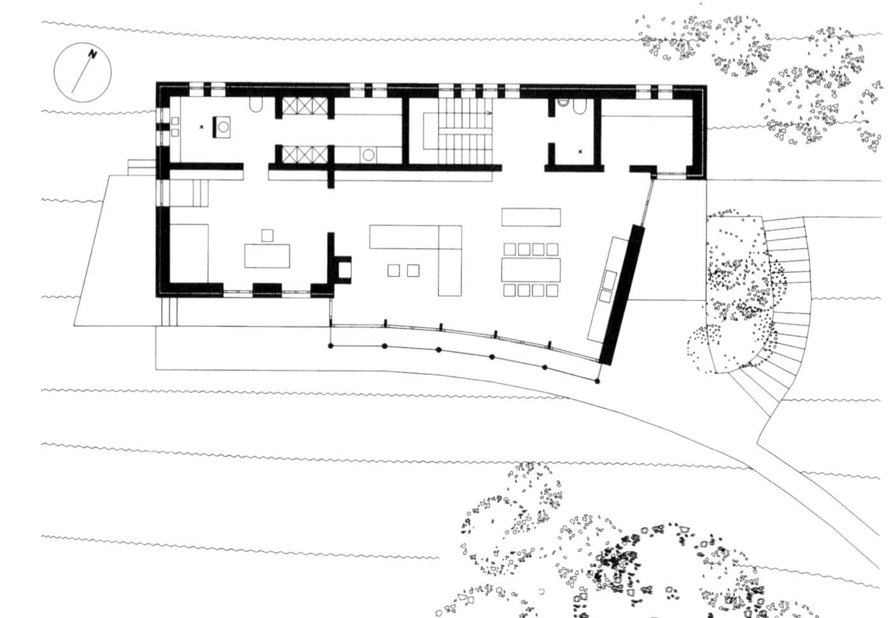

Grundriss
Obergeschoss
1:200

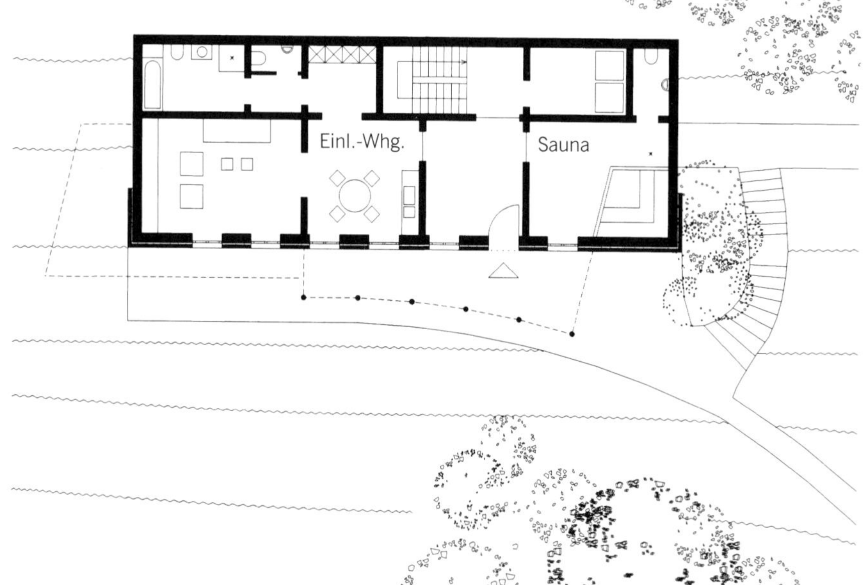

Einl.-Whg.
Sauna
Grundriss
Erdgeschoss

Fensterdetail mit Sichtmauerwerk

Innenraum mit Balkon

Addiert, verschoben, gedreht

Raumkörper in Tirol

Das Haus wurde für eine Familie gebaut und versteht sich als erster Teil eines Doppelhauses. Zielsetzung von Bauherrschaft, Anna Weber und ihrem Partner Peter Tschada war es, ein kostengünstiges Haus zu bauen, das ihren ökologischen Ansprüchen gerecht wird.

Da das Reuttener Becken im Winter durch seine häufigen Sonnentage günstige Voraussetzungen zur Nutzung von Sonnenenergie bietet, konzipierten sie ein Haus in Niedrigenergiebauweise mit passiver Solarnutzung.

Keller und Erdgeschossbereich sind in Massivbauweise als Speichermasse ausgebildet. Die Südseite ist großflächig verglast, um die Sonnenenergie zu nutzen. Im Firstbereich wechseln sich Verglasungen und Warmwasserkollektoren ab, wodurch auch der Nordteil des Hauses mit Südsonnenlicht versorgt wird. In der heißen Jahreszeit kann durch Öffnung der Klappflügel am höchsten Punkt unter dem First die Hitze entweichen.

Die Nordseite ist relativ geschlossen. Kleine Fenster und gute Dämmung dichten die Wetterseite gegen Wind und Kälte ab. Unbeheizte Nebenräume wie Fahrrad- und Geräteraum sowie die Garage bilden eine zusätzliche Pufferzone zu den Wohnräumen. Die Warmwasserbereitung über Kollektoren ergänzt das Energiekonzept des Hauses. Diese wurden maßgeschneidert von Installateur, Glaser und Zimmermann. Ergänzt durch konstruktiv einfache Lösungen konnten hier trotz der Sonderform die Baukosten einer Standardlösung unterschritten werden.

Im Erdgeschoss befinden sich die gemeinschaftlich genutzten Räume wie Küche mit Essplatz und offenem Wohnraum, im Obergeschoss sind

drei Individualräume über eine Galerie zu erreichen. Durch diese räumlich reizvolle offene Galerie über dem Wohn- und Essraum ist allerdings auch eine Durchlässigkeit der Geräusche und der Gerüche zwischen den beiden Ebenen gegeben. Dies kann unter Umständen eine Herausforderung für die Konfliktlösungsfähigkeit der Mitbewohnerinnen und Mitbewohner bedeuten.

Die eigenwillige Formensprache, die interessante Farbgebung sowie die Kontrastierung von Massivbauweise und Holzrahmenbau geben dem Gebäude eine sehr lebendige Handschrift.

Anna Weber

1967	geboren in Ulm
1986–1987	halbjähriger Aufenthalt in Kilkeel/Nordirland: Leben und Arbeiten mit geistig behinderten Erwachsenen
1987–1993	Studium an der FH Karlsruhe
1989–1990	Mitarbeit in den Architekturbüros Gassmann, Karlsruhe und John Körmeling, Eindhoven, Holland
1993–1994	Mitarbeit im Architekturbüro Kühnl-Schmidt, Leipzig
1994–1995	Mitarbeit im Architekturbüro Elwardt, Berlin
1995–1996	Mitarbeit im Architekturbüro Eller-Maier-Walter, Berlin
1996	Gründung des Architekturbüros Orange in Zusammenarbeit mit Peter Tschada in Berlin

Projektinfo

Federführung:	Anna Weber arbeitet in Bürogemeinschaft mit Peter Tschada. Das Projekt entstand in Partnerschaft.
Baujahr:	1996/97
Standort:	Reuttener Becken, Tirol, Österreich
Grundstücksfläche:	943 m²
Wohnfläche:	177 m²
Baukosten:	1076 €/m² (netto)
Anzahl der Bewohnenden:	3, bald 4 Personen
Eigenleistungen:	Malerarbeiten, Parkettarbeiten
Fotos:	Erdmann Weber, Ulm

Südansicht

Straßenseite mit Eingang

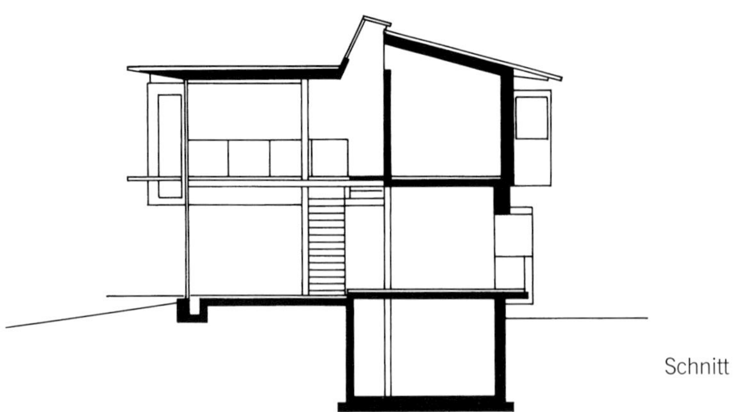

Schnitt

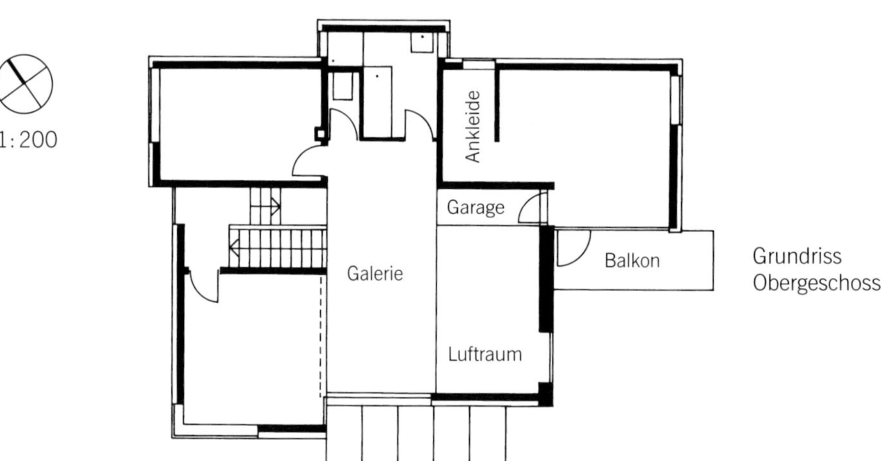

1:200
Ankleide
Garage
Galerie
Balkon
Luftraum
Grundriss
Obergeschoss

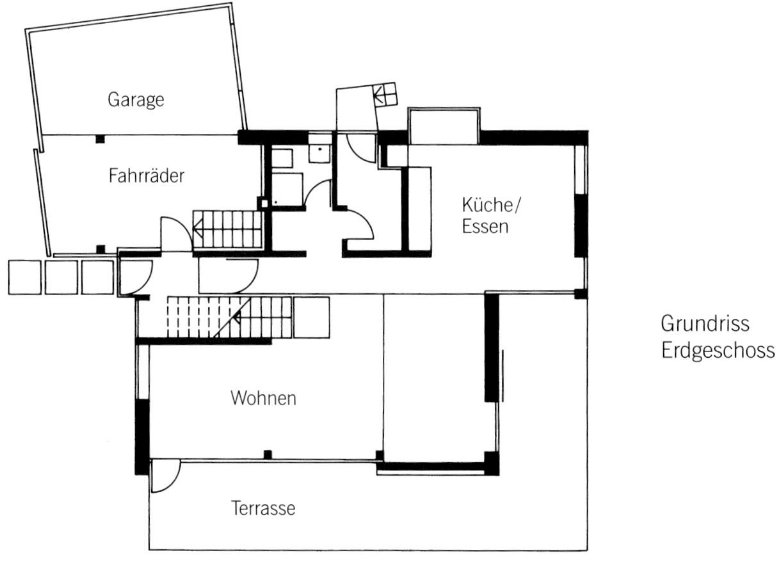

Garage
Fahrräder
Küche/
Essen
Wohnen
Terrasse
Grundriss
Erdgeschoss

Eingangsseite mit Garage und
Fahrradunterstand

Nebeneingang mit Küchenerker

Großflächige Fenster-Schiebe-
elemente zur Südseite

»...von innen nach außen...«

Villa in Köln-Müngersdorf

»Wir wohnen von innen nach außen« – diese ersten Worte des Bauherrn waren für Anette Hillebrandt Thema bei der Entwicklung der Villa in Köln-Müngersdorf. Bei ihrem Projekt – es wartet noch auf seine Realisierung – konzipierte sie einen winkelförmigen Baukörper, wobei eine Seite über zwei Geschosse reicht. Dadurch bildete sie einen Gartenbereich und eine Art Wirtschaftshof mit Zufahrt.

Neben der großzügigen Küche und der Speisekammer befinden sich ein Gästezimmer mit dazugehörigem Duschbad, ein separates WC sowie der sehr repräsentative Wohnraum mit Sitzplatz um den offenen Kamin. Von diesem Wohnraum abkoppelbar ist der Arbeitsbereich der Bauherrschaft mit interner Treppe in den Rückzugsteil im ersten Obergeschoss. Neben dem großen Schlafzimmer befinden sich hier zwei Bäder mit Saunaraum, zwei im Vergleich dazu relativ kleine Kinderzimmer sowie eine Galerie. Offensichtliches Anliegen bei diesem Projekt ist Repräsentation und ein gewisser Luxus.

In ihrer Formensprache orientiert sich die Architektin an der klassischen Moderne – ein ästhetischer Entwurf für eine spezifische Lebenssituation.

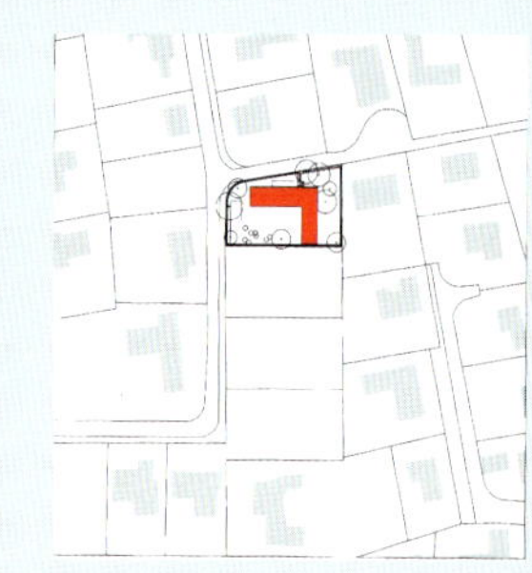

Anette Hillebrandt

1963	geboren
	Architekturstudium an der Universität Dortmund
1989	Diplom
1989–1993	projektbezogene Partnerschaft und Mitarbeit im Büro Prof. H. Pfeiffer + Ch. Ellermann, Lüdinghausen
seit 1993	Bürogemeinschaft mit Gernot Schulz
seit 1997	Tätigkeit als Preisrichterin

Projektinfo

Federführung:	Anette Hillebrandt arbeitet in Bürogemeinschaft mit Gernot Schulz. Die Federführung zu diesem Projekt lag bei Anette Hillebrandt. Mitarbeit: Carolin Kumlehn
Projektstand:	Ausführungsplanung
Standort:	Köln-Müngersdorf
Wohnfläche:	ca. 300 m^2
Nutzfläche:	ca. 100 m^2
BRI:	ca. 1700 m^3
Baukosten:	geschätzt ca. 1,15 Mio. DM
Anzahl der Bewohner/innen:	4 Personen
Fotos:	Hillebrandt + Schulz, Köln

Ostseite mit Einfahrt in den Wirtschaftshof

Detail Südansicht

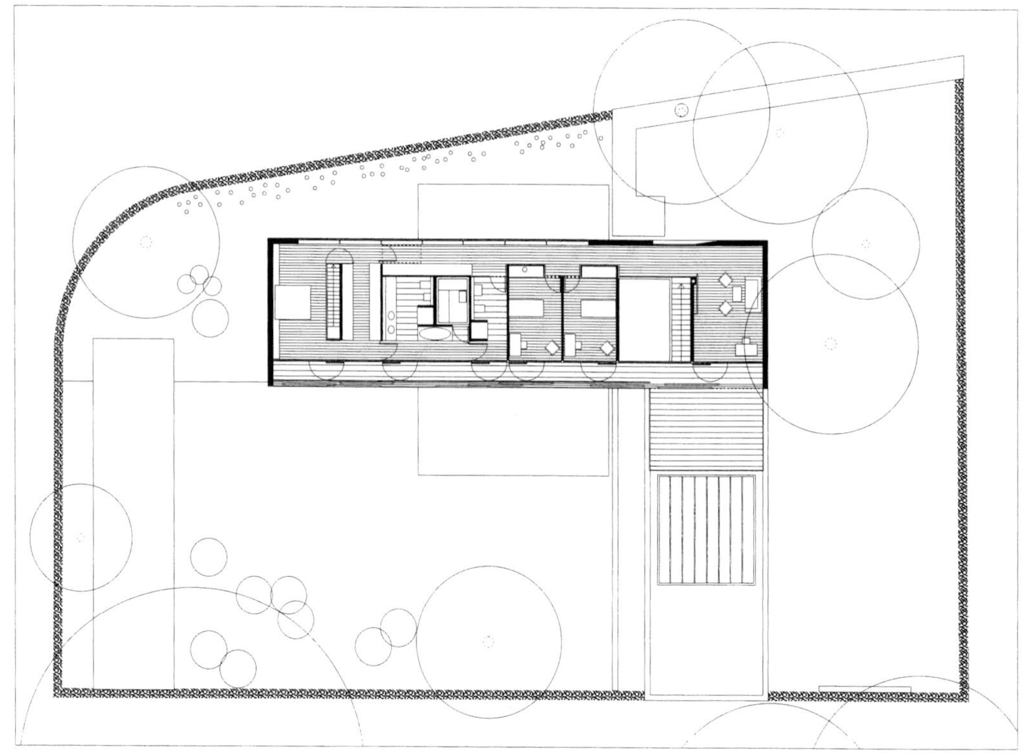

1:400
Grundriss
Obergeschoss

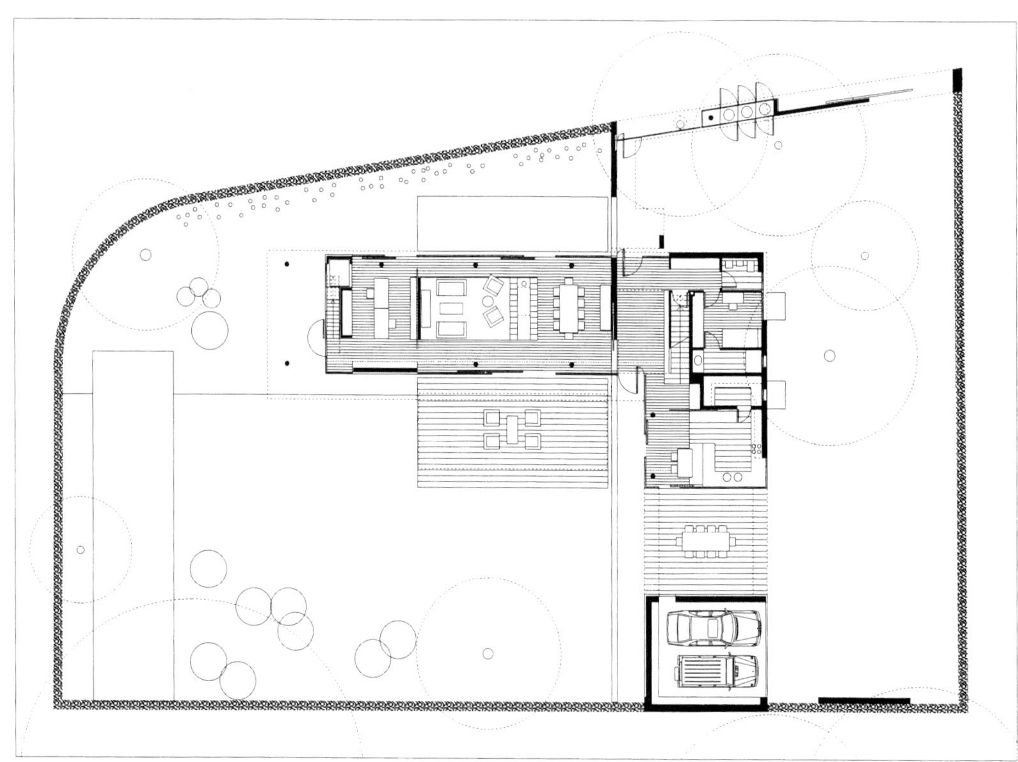

Grundriss
Erdgeschoss

Ansicht von Süden

Ansicht von Norden

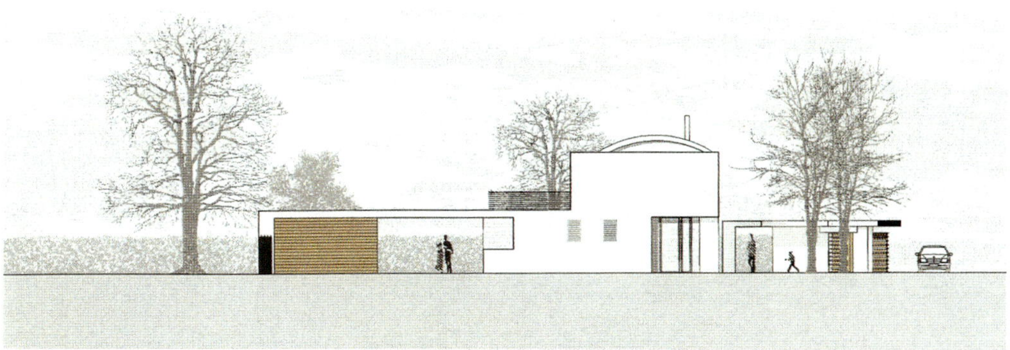

Ansicht von Osten

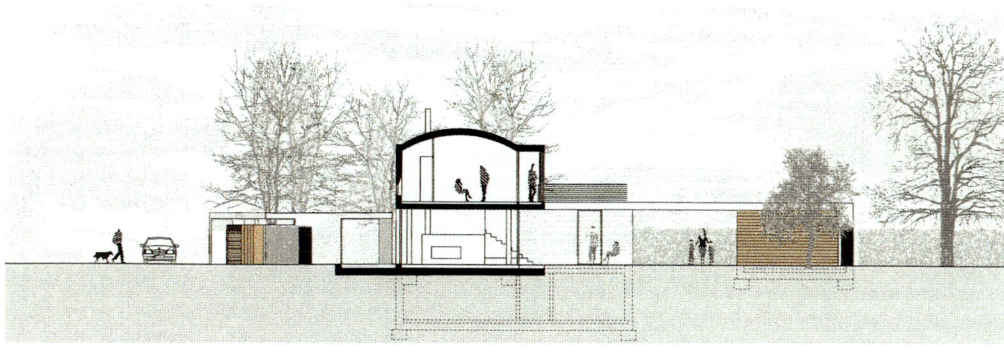

Schnitt

Haus mit Aussicht

Wohnen am Südhang des Leithagebirges

Typisch für das Burgenland sind die Straßendörfer mit ihren geschlossenen Hausfronten auf der Straßenseite. Die Häuser öffnen sich zu einem Hof und einem sehr langgestreckten Grundstück, das früher einmal der Landwirtschaft diente.

Dieses Thema inspirierte Marlies Breuss und Susanne Schmall bei der Überplanung des Grundstücks am Südhang des Leithagebirges. Sie griffen das Thema der Mauer in Form eines langgestreckten Baukörpers mit seiner Abgeschlossenheit zur Straße hin auf und öffneten ihr Gebäude zur freien Landschaft nach Süden. Die Straße in diesem wenig besiedelten Gebiet ist auch kaum spannend genug, um zum Dialog einzuladen. Zwei Baukörper wurden gegeneinandergestellt, Bindeglied ist eine einläufige Treppe.

In dem niedrigeren Baukörper entlang der Straße sind neben dem Eingang mit Garderobe die Garage sowie die Sauna mit WC und Dusche untergebracht. Im »Haupthaus« befindet sich der große Wohnraum mit offener Küche und am Kopfende ein Arbeits- und Rückzugsraum. Die gerade Treppe führt an einer kleinen Galerie vorbei in den Rückzugsbereich mit den Individualräumen. Hier ist ein noch unterteilbares Kinderzimmer, das Elternzimmer und ein Bad mit separatem WC angeordnet.

Die beiden Gebäudeteile wurden in Massivbauweise und teilweise als Stahlskelettbau errichtet. Energieeinsparenden Gesichtspunkten folgend wurde die Nordfassade geschlossen und als Pufferzone ausgebildet und die Südseite großflächig verglast, was einen Panoramablick in die Landschaft ermöglicht.

Der sehr ästhetische Kaminofen im Wohnraum beheizt in den Übergangsjahreszeiten sowohl das gesamte Erdgeschoss als auch die kleine Galerie und sorgt für eine wohlige Wärme.

Holodeck

Susanne Schmall

1965	geboren in Eisenstadt Architekturstudium an der TU Wien Organisatorische Leitung des »Architektur Raum Burgenland«
seit 1998	Bürogemeinschaft mit Marlies Breuss und Michael Ogertschnig

Marlies Breuss

1963	geboren in Dornbirn Architekturstudium an der TU Wien Postgraduate sci arc Los Angeles
seit 1996	Lehrauftrag an der TU Wien
seit 1998	Bürogemeinschaft mit Susanne Schmall und Michael Ogertschnig

Projektinfo

Federführung:	Büro Holodeck ist eine Bürogemeinschaft von Marlies Breuss, Susanne Schmall und Michael Ogertschnig. Die Federführung zu diesem Projekt lag bei Marlies Breuss und Susanne Schmall.
Baujahr:	1996/1999
Standort:	am Südhang des Leithagebirges, Burgenland in Österreich
Grundstücksgröße:	1110 m²
Wohnfläche:	212,45 m²
Baukosten je m² Nutzfläche:	12064 ATS/m²
Anzahl der Bewohner/innen:	6 Personen
Eigenleistungen:	Stützmauerfertigung, Parkettverlegung
Fotos:	A.T. Neubau, Marlies Breuss, beide Wien

Straßenansicht
mit Eingang

Südseite

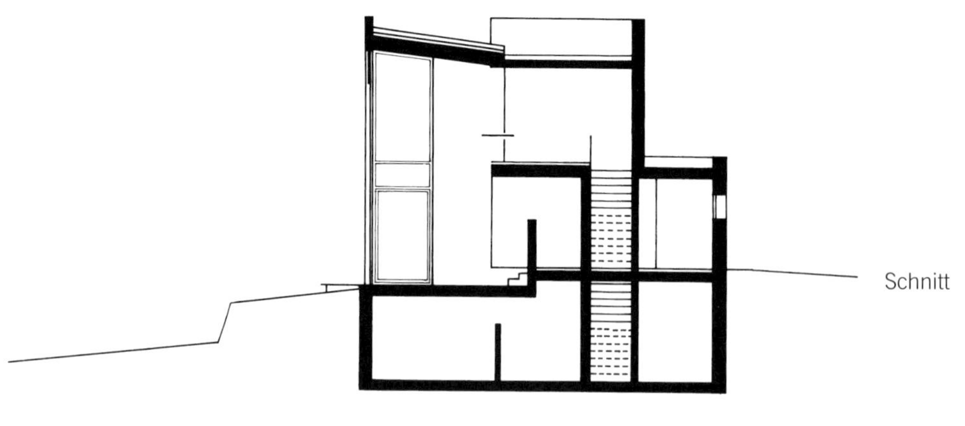

Schnitt

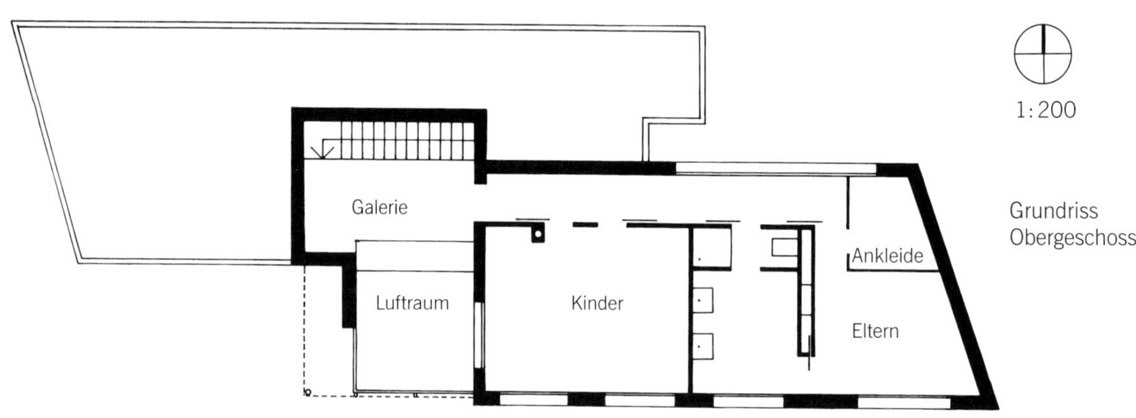

1:200
Grundriss
Obergeschoss
Galerie
Luftraum
Kinder
Ankleide
Eltern

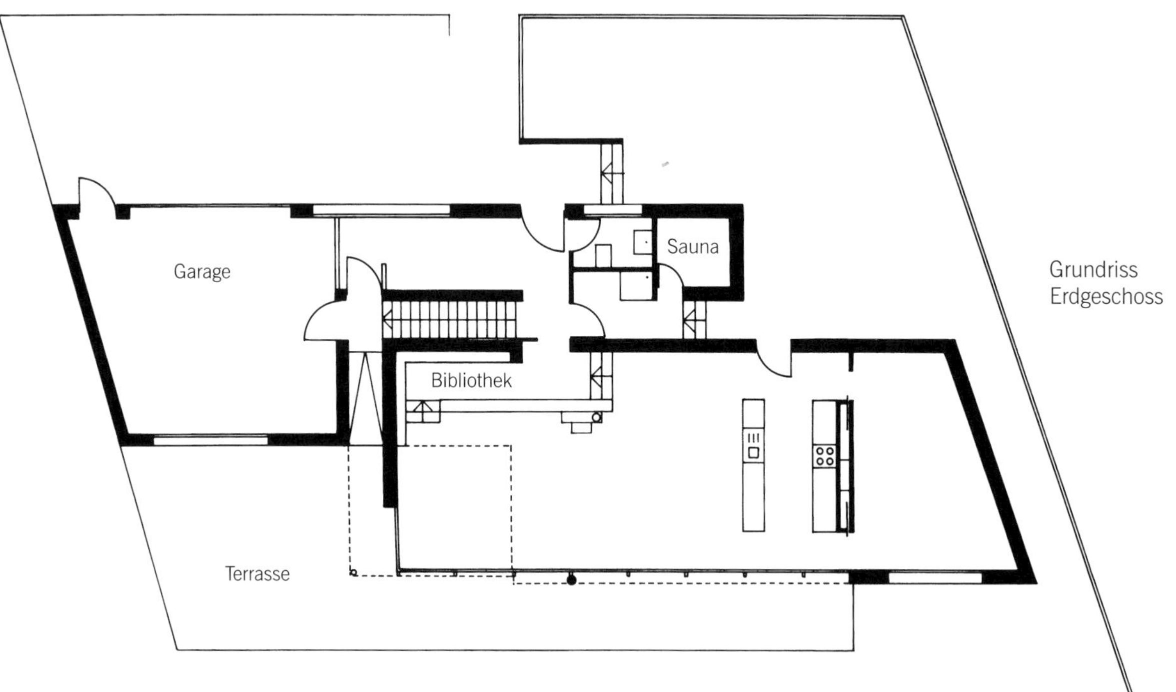

Garage
Sauna
Grundriss
Erdgeschoss
Bibliothek
Terrasse

Geschützter Zugang mit
Sichtbetonelement

Wohnraum
mit Bibliotheks-
ecke ...

... und Kamin

Son Vent

Finca auf Mallorca

Die Finca Son Vent liegt in der Hügellandschaft der Sierra Levante im Südosten von Mallorca. Ausgangspunkt der Planung war das 200 Jahre alte mallorquinische Bauernhaus mit seinen für die Region typischen Trockenmauerterrassierungen, dem Macchiabewuchs aus Pinien, Steineichen, wilden Oliven und Mastix.

Astrid Lohss setzte sich intensiv mit der ortstypischen Bauweise, den Baumaterialien der Insel, dem baulichen Bestand und der speziellen Topografie vor Ort auseinander. Ökologische Gesichtspunkte wie die Nutzung von Sonnenenergie und Regenwasser sowie die Verwendung örtlicher Materialien waren ihr selbstverständlich.

So entstand nach dem Umbau der alten Finca in mehreren Bauabschnitten die neue Finca mit einem Badebereich. Die Baukörper sind große steinerne Kuben mit leicht geneigten Pultdächern oder Dachterrassen. Die Haupterschließungswege verlaufen in strenger östlicher Richtung mit Blick zum Meer, während die Querverbindungen sich organisch der Landschaft anpassen. Die Hanglage ermöglichte ein Spiel aus Positiv- und Negativformen – das neue Gebäude und das Schwimmbad schieben sich aus dem Hang heraus, die Terrassen in den Hang hinein. In der neuen Finca setzt sich die Terrassierung fort und schafft so verschiedene Ebenen für den Wohn- und Essbereich.

Das neue Wohnhaus besteht aus zwei Kuben, die im rechten Winkel zueinander angeordnet sind. Durch einen großzügigen Eingangsvorraum wird der zentrale Wohnraum mit Küche und Wasserstelle, die durch die darunterliegende Zisterne gespeist wird, erschlossen. Zur anderen Seite des Vorraums sind zwei Individualräume mit Sanitärbereich angeordnet. In einem Raum hat Astrid Lohss eine Regalleiter vorgesehen, über die eine Schlafgalerie erreicht werden kann.

»Nicht zuletzt wurde das Projekt maßgeblich beeinflusst von der Tatsache, dass ich mit meiner Familie (ich habe vier Kinder im Alter zwischen zwei und 13 Jahren) während der Planung und Bauzeit in Son Vent gelebt habe«, schreibt die Architektin. Als Beispiele hierfür nennt sie die offene Wohnküche mit Blickbeziehungen auf die Spielbereiche der Kinder, kindgerechte Höhenstufen im Bad, damit die Kinder ohne Hilfe an Waschbecken und Badewanne kommen, sowie die Lage ihres Büros weitab vom Familientrubel.

Astrid Lohss

1950	Astrid Winter, geboren in Wolfsburg
1981–1989	Architekturstudium und Diplom an der TU Braunschweig
1986	Geburt des 1. Kindes
1990–1992	Mitarbeit im Ingenieurbüro Grossmann, Göttingen
1991	Geburt des 2. Kindes
1993–1997	Aufenthalt in Spanien, Realisierung von 3 Projekten als Architektin in Spanien
1995	Geburt des 3. Kindes
seit 1998	Umzug nach Aumühle bei Hamburg Projektbezogene Partnerschaft mit Sigrid Meyer, Büro Steffens-Meyer-Frank in Lübeck
1998	Geburt des 4. Kindes

Projektinfo

Federführung:	Astrid Lohss
	Gartenarchitekt:
	Uwe Isterling, Hamburg
Baujahr:	1994/1996
Standort:	Mallorca
Wohn-/Nutzfläche:	370 m²
Baukosten:	ca. 2000 DM/m²
Anzahl der Bewohner/innen:	6 (in den Ferien auch 12)
Eigenleistungen:	zum Teil Außenanlagen, Gartengestaltung, Solaranlagen
Fotos:	Richard Bryant, Agentur Arcaid, London

Sensibler Umgang mit ortstypischen Elementen in zeit-
gemäßer Formensprache

Links: neuer Gebäudeteil
Rechts: umgebauter Altbau

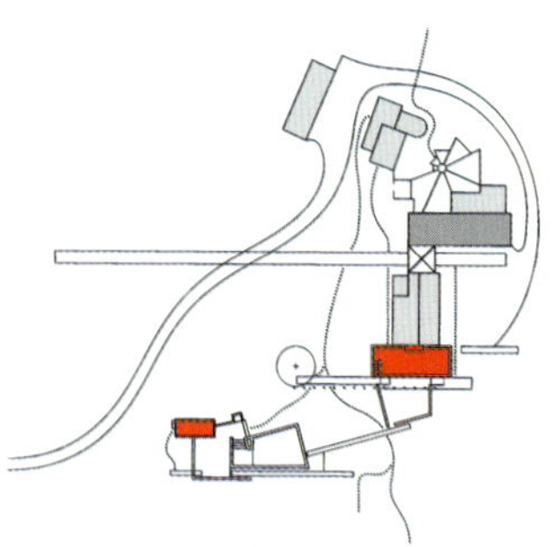

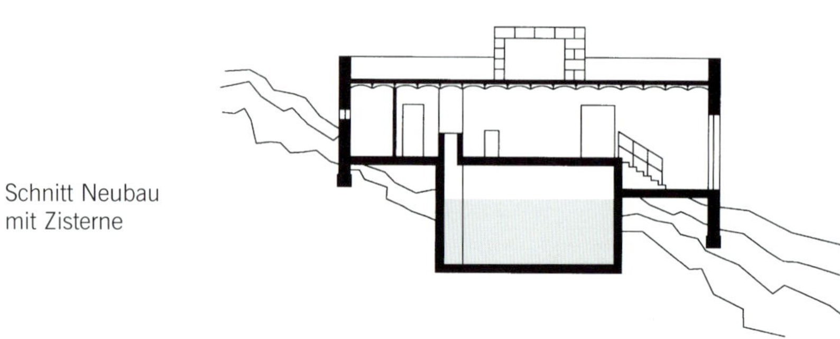

Schnitt Neubau
mit Zisterne

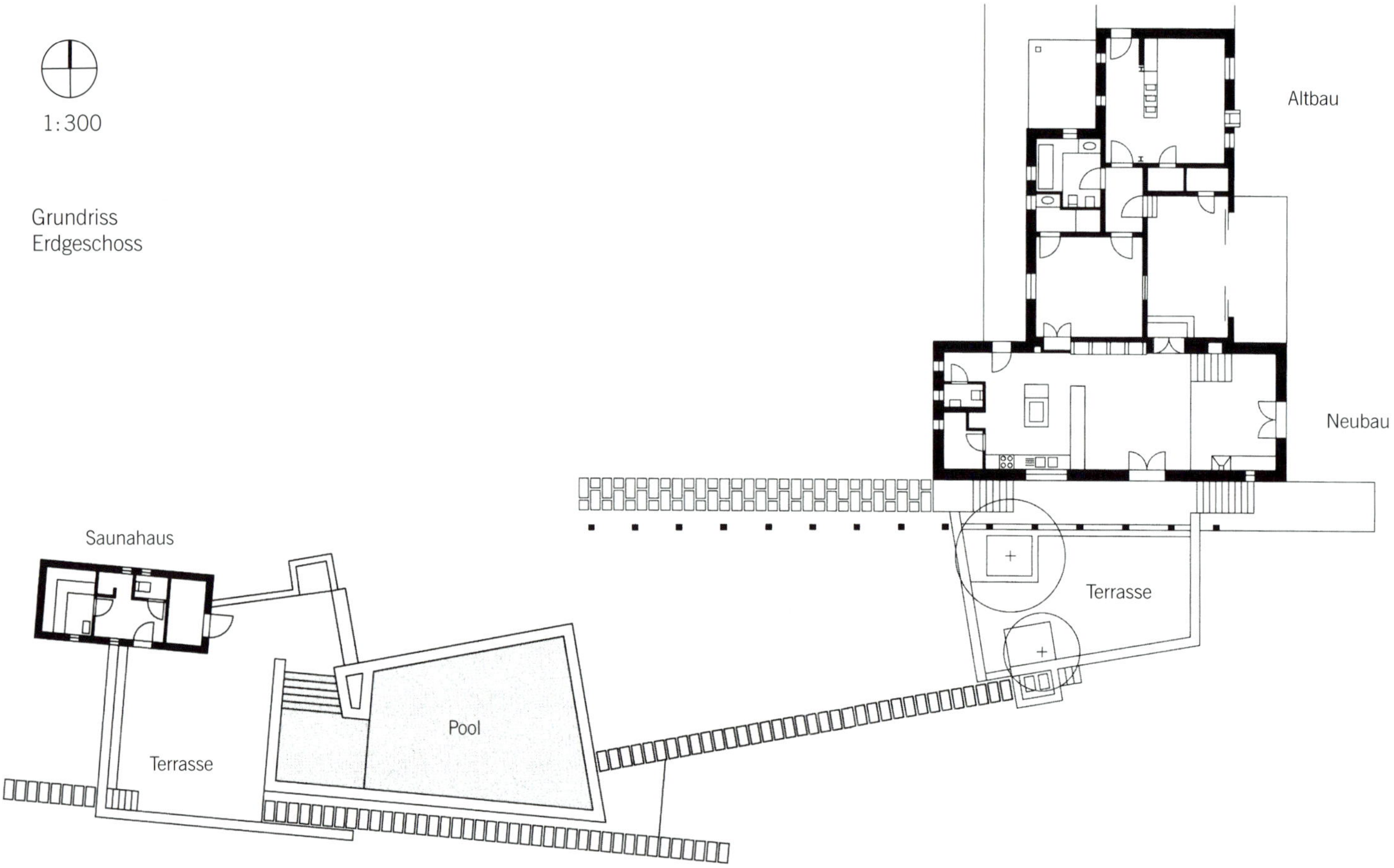

1:300

Grundriss
Erdgeschoss

Altbau

Neubau

Terrasse

Saunahaus

Terrasse

Pool

Neue Pergola auf
der Südseite

Zisterne inmitten
der Küche

Kinderzimmer
mit steinerner
Regaltreppe zur
Schlafgalerie

Vom Prototyp
zur Siedlung

Reihenhäuser in Bamberg

Die einundzwanzig Stadthäuser sind Teil einer architektonischen Einheit mit einem viergeschossigen Wohnungsbau im Rücken. Sie sind keine üblichen Reihenhäuser, sondern bilden aufgrund ihrer Dreigeschossigkeit, ihrer Dichte und Formensprache eine städtische Variante. Vorausgegangen war der Bau eines Prototyps, der die funktionale und gestalterische Absicht von Gisela Kaiser sicherlich noch deutlicher zeigt, als die anschließend errichtete Siedlung mit ihren vielen Einschränkungen bei der Realisierung durch einen Bauträger.

Die Besonderheit der Reihenhäuser liegt in der Variabilität der Aufteilbarkeit. Mit einer Hauptwohnung und einer Einliegerwohnung können sie als Zweifamilienhaus (Starterhaus), als Mehrgenerationenhaus (mit Großeltern oder erwachsenen Kindern) oder als großzügiges Wohngemeinschafts- oder Einfamilienhaus mit bis zu 184 Quadratmetern genutzt werden. Auch wenn das Einfamilienhaus im Alter nach dem Wegzug der Kinder zu groß werden sollte, ist eine Aufteilung in zwei Wohnungen mit etwa 100 Quadratmetern und 45 Quadratmetern möglich.

Diese Option wird durch die an der Außenwand liegende Treppe geschaffen, die als interne Treppe oder auch als »neutrales Treppenhaus« genutzt werden kann. Die Dachterrasse kann dann als Außenbereich der oberen Wohnung zugeordnet werden, ein Ersatz für die ebenerdige Terrasse der unteren Wohnung. Die Treppenvorbauten und die Dachterrassen prägen auch das äußere Gesicht der Häuser, die Gebäude sind in Massivbauweise mit Unterkellerung errichtet wurden.

»Nicht high tech, sondern low tech« ist das Ziel von Gisela Kaiser beim Wohnungsbau, »da nur einfache Bauweisen und funktionstüchtige Grundrisse nachhaltigen Bestand haben werden«. Generelle Planungsziele waren eine hohe Wohnqualität bei ökologisch gebotener hoher baulicher Dichte, einheitliche Bauhöhen, eine große Wohnungsvielfalt und ein dichtes, fußläufiges Wegenetz mit genau definierten Flächen von öffentlichen Wegen, halböffentlichen Vorbereichen und privaten Hausgärten.

Gisela Kaiser

1943	geboren in Plauen
1962	Abitur in Aalen
1968	Diplom an der TH Stuttgart
1968–1969	Mitarbeit im Architekturbüro Gutbrod, Stuttgart
1969–1971	Referendarzeit
1971	Zweite Staatsprüfung
1971–73	Tätigkeit als Baurätin im Stadtplanungsamt Stuttgart
seit 1970	Bürogemeinschaft mit Hans-Dieter Kaiser
seit 1979	Tätigkeit als Preisrichterin

Projektinfo

Federführung:	Gisela Kaiser arbeitet in Bürogemeinschaft mit Hans-Dieter Kaiser. Die Federführung zu diesem Projekt lag bei Gisela Kaiser.
Standort:	Bamberg
Baujahr:	1999/2000
Bruttogeschossfläche:	142–184 m²/Hauseinheit
Anzahl der Wohneinheiten:	21 Wohnungen
Fotos:	Hans-Dieter Kaiser, Stuttgart

Die Reihenhäuser kurz vor der Fertigstellung

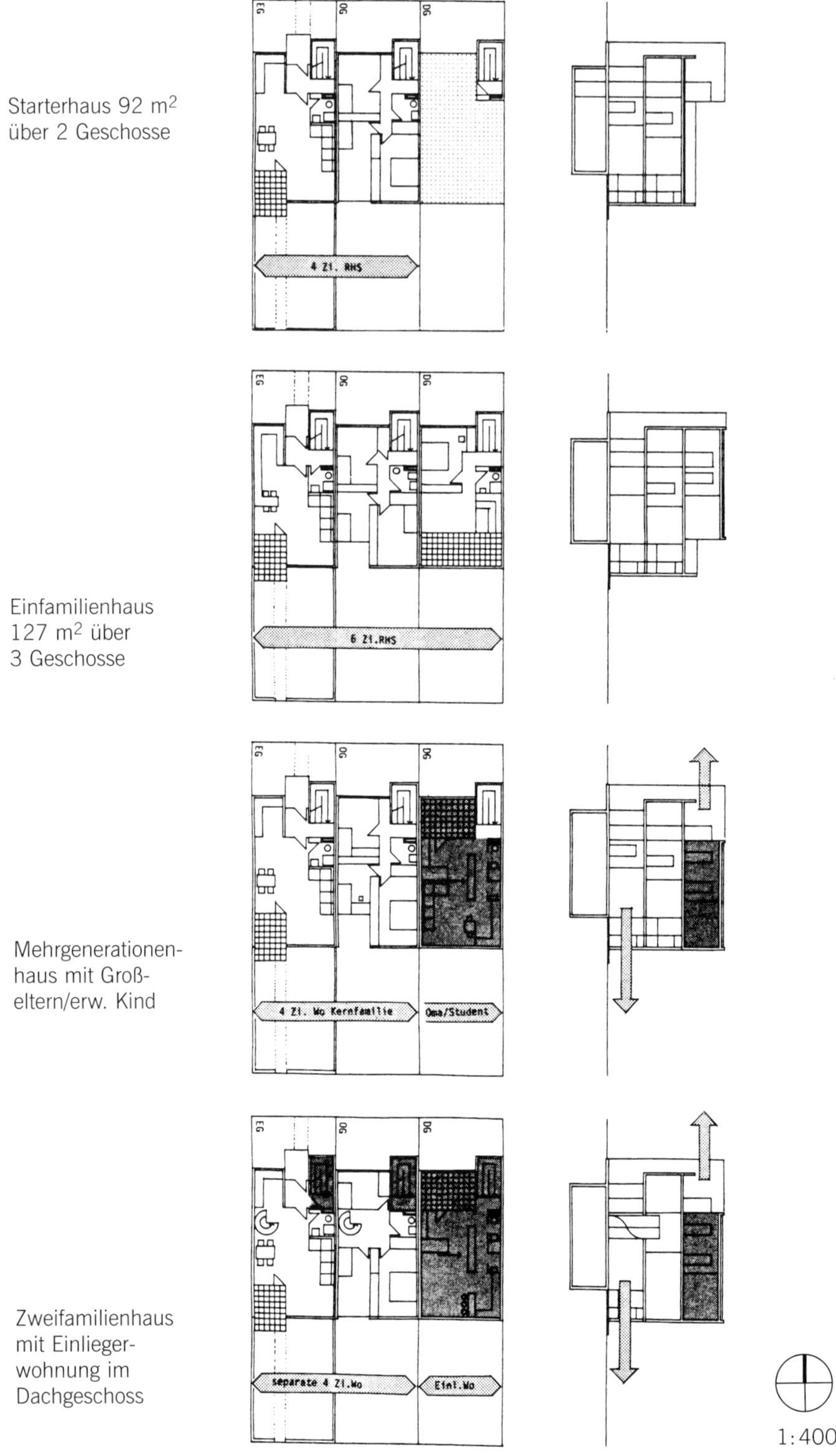

Starterhaus 92 m² über 2 Geschosse
4 Zi. RHS
Einfamilienhaus 127 m² über 3 Geschosse
6 Zi. RHS
Mehrgenerationen-haus mit Groß-eltern/erw. Kind
4 Zi. Wo Kernfamilie
Oma/Student
Zweifamilienhaus mit Einlieger-wohnung im Dachgeschoss
separate 4 Zi.Wo
Einl.Wo
1:400

Perspektivzeichnung
des Wohnwegs

Prototyp als Musterhaus

Regalhaus

Vier Wohnungen in Kammer

Das Haus R.I.T.A. befindet sich am Ortsrand eines bayerischen Dorfes mit ca. 300 Einwohnerinnen und Einwohnern, nicht weit von der österreichischen Grenze bei Salzburg.

Die Architektin nimmt mit ihrem Haus einen für den Ort charakteristischen Haustyp auf, der an die Scheune oder den Heustadl erinnert, und bindet damit das Gebäude in die Umgebung ein.

Vier Wohnungen beherbergt der lang gestreckte Baukörper mit seinem klaren Dach ohne An- und Aufbauten. Birgit Welter entschied sich für eine Beschränkung in der Materialwahl und verwendete ortsübliches Lärchenholz, verputztes Mauerwerk und Dachziegel. Jede Wohnung wird von außen über einen eigenen Eingang erschlossen.

Die Zugänge sind an der Nordseite angeordnet. Die zweigeschossige Erschließungszone befindet sich als halböffentlicher Vorbereich in einem schlanken, vor das Haus gestellten Stahl-/Holzriegel. Auf der Südseite wird das »Regal« zur Pufferzone zwischen außen und innen und als vorgelagerter Balkon nutzbar.

Die Fassaden sind bewusst von der Architektin einfach und schnörkellos gestaltet. Die großen Holzschiebeläden aus sibirischer Lärche zitieren die Schiebetore der Heustadl. Die Grundrisse der vier Wohnungen sind funktional, ökonomisch und zeitlos.

Die angenehme Zurückhaltung und Einordnung des Gesamtgebäudes in die Umgebung werden das Haus auch noch in späteren Jahren stimmig erscheinen lassen.

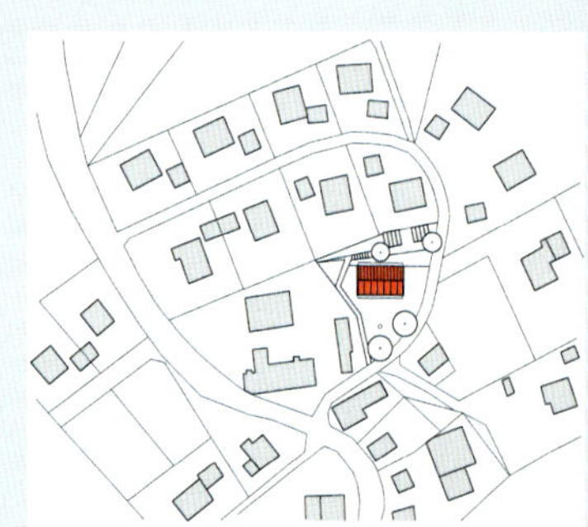

Birgit Welter

1941	geboren in Berlin Abitur und Schreinerinnenlehre in Mannheim
1968	Studienabschluss an der Staatlichen Akademie der Künste in Stuttgart Mitarbeit im Architekturbüro Prof. Günther Behnisch & Partner, München/Stuttgart Mitarbeit im Büro für Grafik/Design Prof. Otl Aicher
1971	Heirat und Geburt des Sohnes Philipp
1972–1985	Büropartnerschaft mit Udo Welter in München
1986	Umzug nach Berlin Mitarbeit im Architekturbüro Th. Baumann
seit 1992	eigenes Büro in Berlin im deutschen Architekturzentrum

Projektinfo

Federführung:	Birgit Welter Mitarbeit: Saskia Hebert, Jürgen G. Stoye
Baujahr:	1998/99
Standort:	Kammer, Bayern
Neubau:	320 m^2
Baukosten:	0,9 Mio. DM
Anzahl der Wohnungen:	vier 3-Zi.-Wohnungen
Fotos:	Stefan Wolf Luchs, Berlin/Düsseldorf

Südseite geöffnet

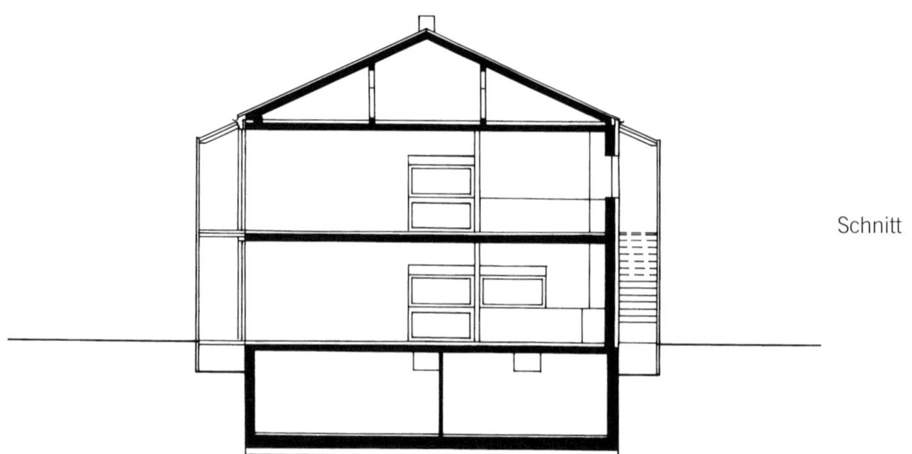

Schnitt

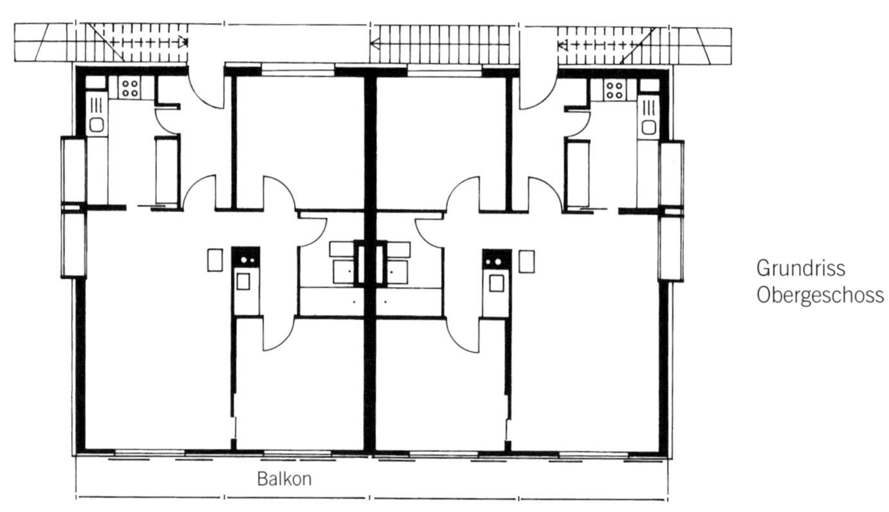

Grundriss
Obergeschoss

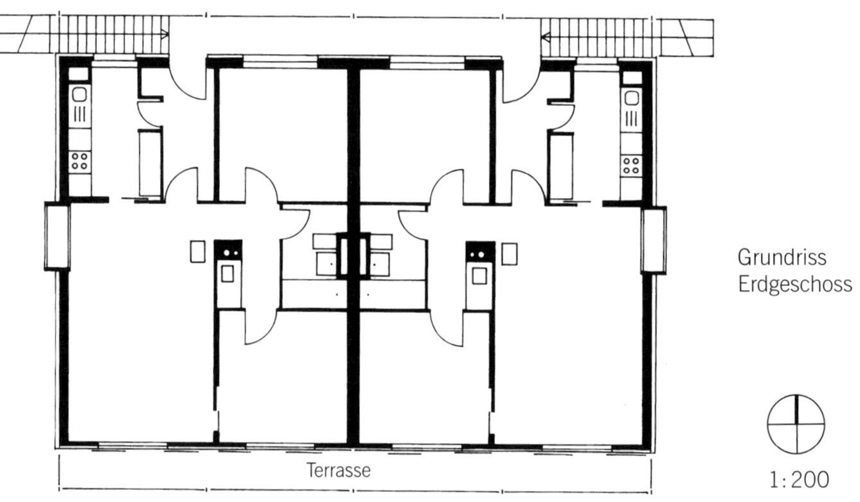

Grundriss
Erdgeschoss

1:200

Balkon im 1. Obergeschoss ...

... mit geöffneter Schiebetür

Ausschnitt der Nordfassade bei Nacht

Unterschiedliche Lebenskonzepte

Zwei Häuser in München

Die Voraussetzungen für dieses spannende Projekt waren klar: Zwei Brüder mit unterschiedlichen Lebensentwürfen wollten in vertrauter Nähe und doch mit genügend Abstand voneinander leben. Der eine bevorzugte es, mit seiner noch wachsenden Familie in einem Haus zu wohnen, der andere in einer Wohngemeinschaft mit vier Personen. Daraus ergab sich die Idee einer Wohngruppe mit zwei Häusern. Die Lokalbaukommission machte einige Vorgaben zur Gestaltung der Vorgartenzone und zur Ausrichtung der Dachfirste. Die Baumassen und Hausbreiten sollten sich nach der kleinmaßstäblichen Umgebung richten.

Die beiden realisierten Gebäude bilden mit einer schützenden Leitwand zur Straße hin einen Winkel, der sich deutlich zum privaten gemeinschaftlichen Bereich hin orientiert. An den gemeinsam genutzten Innenhof schließen sich die individuell genutzten Grünflächen an.

Das verbindende Element zwischen beiden Häusern bildet eine durchlaufende Pergola aus Stahl- und Holzprofilen mit Verglasungen über den Eingangsbereichen. Hier können auch Fahrräder, Roller und Kinderwagen regengeschützt abgestellt werden.

Das überwiegend holzverkleidete Wohngemeinschaftshaus (Haus N) hat im Erdgeschoss auf der Südseite einen großzügigen Gemeinschafts-Wohnraum mit einem zur offenen Küche hin orientierten Essplatz. Acht Räume bilden Rückzugsmöglichkeiten für die individuellen Bedürfnisse der vier Personen. Zwei Bäder und zwei separate WC's helfen in der »rush-hour« zum Beispiel am Morgen, Konflikte zu vermeiden.

Auch das Familienhaus (Haus K), das eher steinerne, verputzte Gebäude, hat im Erdgeschoss seinen gemeinschaftlichen Wohnraum mit offener Küche. Drei Individualräume befinden sich im Obergeschoss, wobei sich der große Raum auch in zwei Räume teilen ließe, was zum Beispiel während der Kinder-/Jugendphase ein Bedürfnis sein könnte.

Bei der Materialwahl wurde weitgehend auf baubiologisch möglichst unbedenkliche Materialien Wert gelegt.

Foto oben:
Straßenansicht mit Leitwand und verbindender Pergola

Foto unten:
Beide Gebäude orientieren sich zum gemeinsamen Garten.

Doris Schmid-Hammer

1959	geboren in München
1984	Diplom an der TU München
1984–1985	Postgraduate TU Helsinki, Mitarbeit im Büro Kaija und Heikki Siren
1987	Große Staatsprüfung
1990–1991	Lehrauftrag für Grundlagen des Entwerfens an der FH Regensburg
seit 1985	Büropartnerschaft mit Thomas Hammer

Projektinfo

Federführung:	Doris Schmid-Hammer arbeitet in einer Bürogemeinschaft mit Thomas Hammer. Das Projekt entstand in Partnerschaft.
Baujahr:	1995/96
Standort:	München
Grundstücksfläche:	Haus N 465 m² / Haus K 465 m²
Wohnfläche:	Haus N 268,49 m² / Haus K 189,75 m²
Baukosten:	Haus N 2313 DM/m² / Haus K 2432 DM/m²
Anzahl der Bewohnenden:	eine Wohngemeinschaft mit 4 Personen und eine Familie mit 1 bis 2 Kindern
Fotos:	Henning Koepke, München

Ideenskizze:
links das Wohn-
gemeinschafts-
haus, rechts das
Familienhaus

Gartenseite des
Familienhauses

Gartenseite des
Wohngemein-
schaftshauses

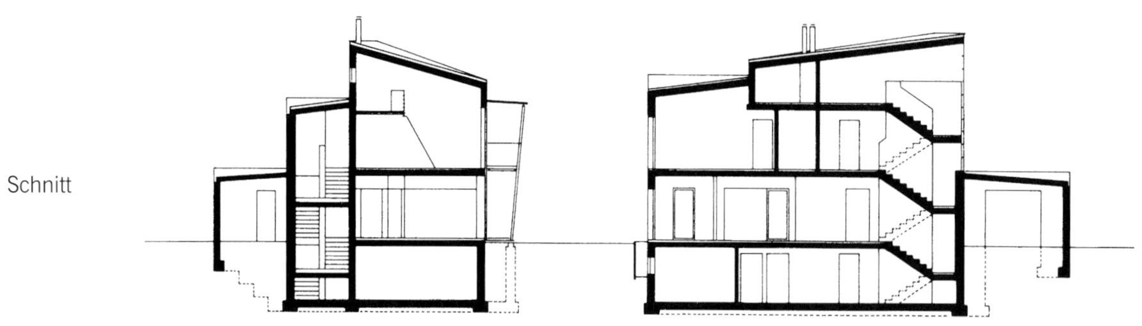

Schnitt

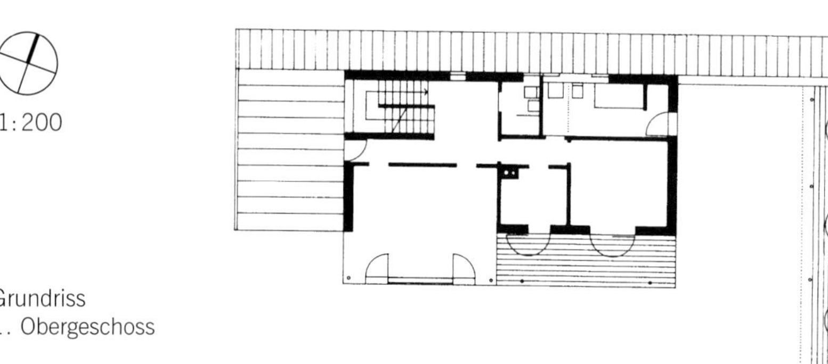

1:200
Grundriss
1. Obergeschoss

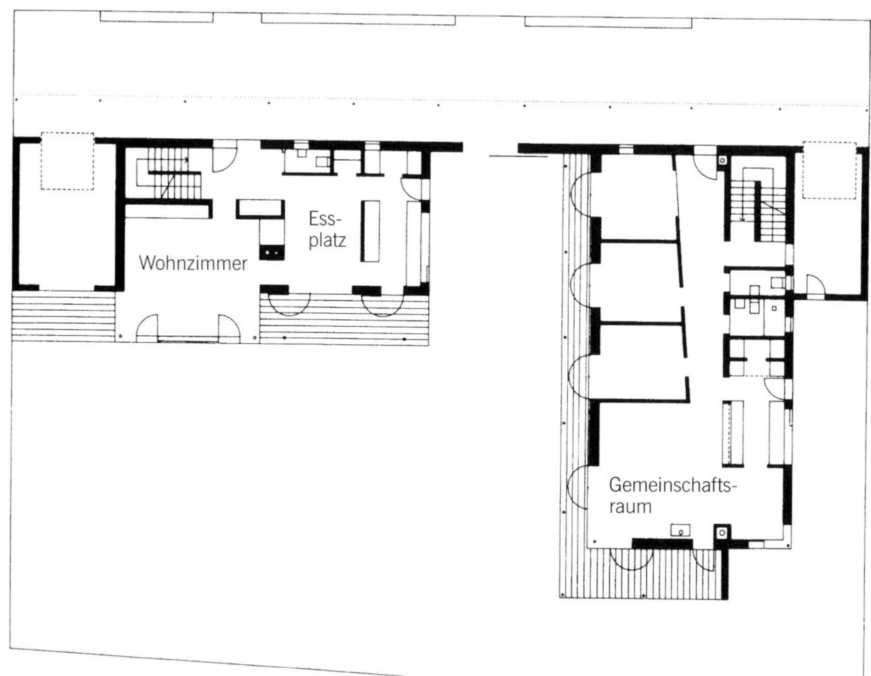

Wohnzimmer
Ess-
platz
Gemeinschafts-
raum

Grundriss
Erdgeschoss

1:300

Wohnzimmer
der Familie

Küche der Familie
mit Fensterschlitz
zum Wohn-
gemeinschafts-
haus

Wohnen auf der
»Kleinen Fleetinsel«

Doppel- und Reihenhäuser
in Hamburg

Die Gebäudeanordnung geht auf einen städtebaulichen Entwurf von Christine Edmaier für die »Kleine Fleetinsel« von 1994 zurück. Dieser war die Grundlage zur Errichtung kostengünstiger Einfamilien- und Reihenhäuser mit öffentlicher Förderung. »Die verschieden langen Zeilen folgen in linearer Anordnung der Richtung von traditionellen Entwässerungsgräben«, schreibt die Architektin. Überschaubare Wohnstraßen, als Sackgassen ausgebildet und mit kleinen Plätzchen versehen, tragen zur Identifikation der Bewohnerinnen und Bewohner bei.

Der Standardreihenhaustyp mit Flachdach wird ergänzt durch einen etwas größeren Haustyp mit aufgesetztem Dachgeschoss und Dachterrasse. Die Doppelhäuser sind um 90° gedreht und variieren die Elemente der Reihenhäuser.

Die Architektin stellt durch einen großzügigen Wohnbereich mit möglicher Doppeltür zur Küche hin Bezüge zu den beiden Hausseiten auf der Südost- und der Nordwestseite her.
Die Treppe in das Obergeschoss liegt im zweigeschossigen Teil neben einem Luftraum und schafft auch durch ihre Höhe eine Großzügigkeit, die bei den aus Kostengründen eher kleinen Grundrissen als sehr angenehm empfunden wird. Individuelle Rückzugsräume befinden sich auf der oberen Ebene.

Der zweigeschossige Essbereich mit kleiner, offener Galerie ist plastisch gestaltet mit vorspringenden Eingangsbauten aus Klinker und kleinem Balkon und Veranda vor der zweigeschossigen Verglasung. Die privatere Gartenseite vor dem Wohnraum mit Terrasse wird durch hochgezogene Trennwände und kleine angebaute Abstellräume gegliedert.

Um der »Zwangskommunikation«, die bei größerer menschlicher Dichte in kostengünstigen Reihenhäusern entsteht, entgegenzuwirken, entschied sich Christine Edmaier für mehrere Freisitze, Terrassen und einen Balkon, bei denen eine freie Wahl der Hausseite und -Ebene gegeben ist.
Die Erschließung an der Außenseite des Hauses macht eine spätere Abtrennbarkeit der verschiedenen Ebenen möglich und lässt sich damit an sich verändernde Zusammensetzungen der Bewohnerinnen und Bewohner anpassen.

Durch die klare Architektursprache und die Verwendung ortstypischer Baustoffe schaffte Christine Edmaier eine Wohnsituation, die auch in ferneren Zeiten noch ihre Gültigkeit haben wird.

Christine Edmaier

1961	geboren in Stuttgart
1981	Architekturstudium an der HdK Berlin
1985	Teilnahme an der Architekturbiennale Venedig mit dem Projekt „Paalmnova – Ideal City in Motion", Studienarbeit bei Theo Brenner
1985–1986	DAAD-Jahres-Stipendium für das I.U.A. Venezia, Italien
1987	Diplom an der HdK Berlin
1989	Dozentin an der Sommerakademie Ruhrgebiet
1987–1991	Bürogemeinschaft mit Christian Kennerknecht
seit 1992	eigenes Büro
1989–1994	verschiedene Lehraufträge an der TU Berlin, Fachgebiet Landesplanung sowie Fachgebiet Stadt- und Regionalplanung
1996/1997	Gastprofessur an der Kunsthochschule Berlin-Weissensee

Projektinfo

Federführung:	Christine Edmaier Projektleitung: Sylvia Billisics Projektbearbeitung: André Berger, Riccarda Bruns, Barbara Frei, Barbara Koller, Sebastian Lange, Flemming Overgaard
Bauherrschaft:	STRABAG, Niederlassung Hamburg
Baujahr:	1997/1998
Standort:	»Kleine Fleetinsel« in Hamburg Neuallermöhe
Wohnfläche:	Standardtyp: 103 m^2 Standardtyp mit Dachgeschoss: 125 m^2 Doppelhaushälfte: 136 m^2 Reihenendhaus mit Einliegerwohnung: 134 m^2 + 43 m^2
Anzahl der Wohneinheiten:	30 Wohnungen
Baukosten:	2 700 DM/m^2 (netto)
Fotos:	Architekturbüro Edmaier, Berlin

Gartenseite der Doppelhäuser

Doppel- und Reihenhäuser in Hamburg   151

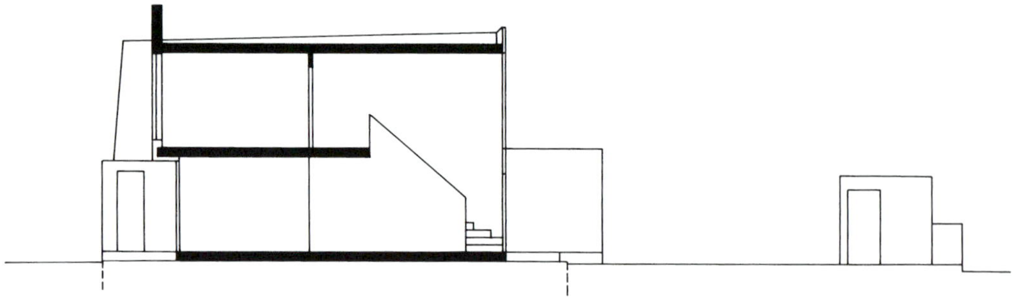

Schnitt

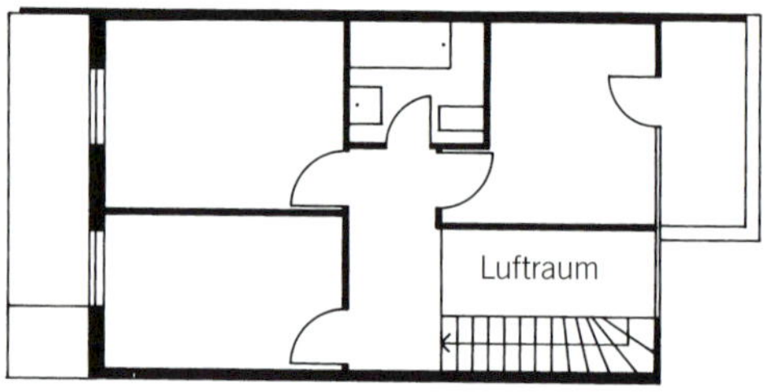

Luftraum

$\bigotimes$

1:200

Grundriss
Obergeschoss

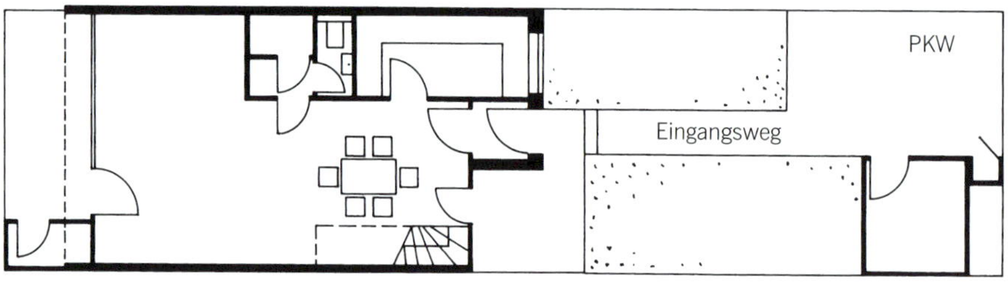

PKW

Eingangsweg

Grundriss
Erdgeschoss

Pläne eines Riehenmittelhauses

Ansicht Gartenseite
Reihenhaus

Ansicht Eingangsseite
Reihenhaus

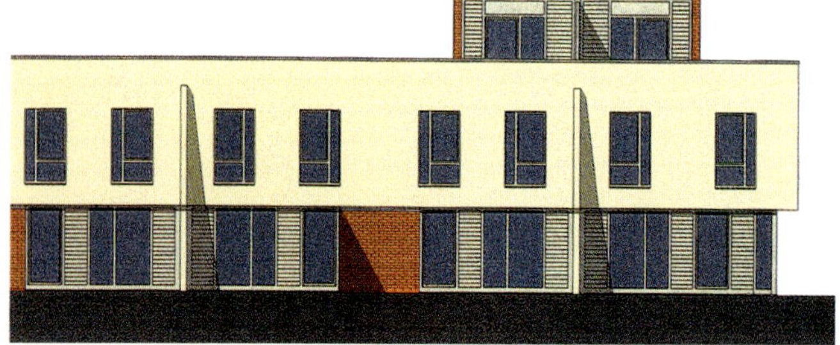

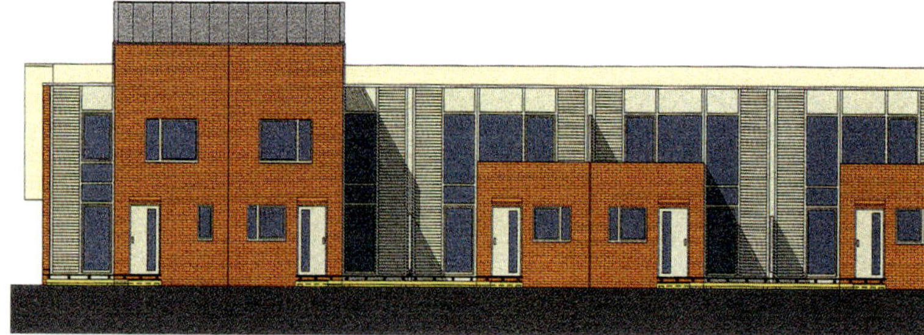

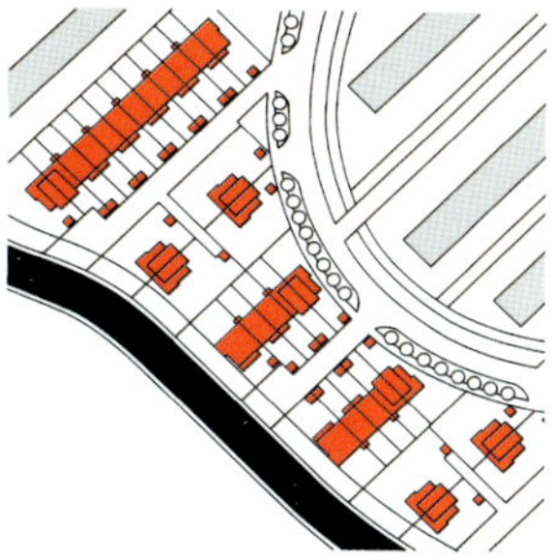

Erweiterter Endtyp der Reihenhäuser
mit Dachgeschoss und Dachterrasse

Reihenhaus Stirnseite

Ein Reihenhaus
zum Preis einer Wohnung

Wohnbebauung in der Garten-
stadt Rudow

Zielsetzung der Architektinnen war es, ein Reihenhaus zu entwickeln, das für möglichst viele bezahlbar sein sollte. Der Senator für Bau- und Wohnungswesen strebte an, der Abwanderung in das Umland mit Fördermitteln entgegenzuwirken. Die Reihenhäuser von Schattauer + Tibes sollten für den Preis einer Wohnung zu haben sein.

Gespart wurde nicht am Standard, sondern an den Bauteilen. So wurde zum Beispiel auf den Keller verzichtet. Für den Preis einer Wohnung wurde ein $2\,1/2$-geschossiges Haus mit Garten realisiert, vier Zimmer auf zwei Ebenen mit einer Ausbaureserve im Dachgeschoss und einer privaten Sonnenterrasse auf dem Dach.

Die Hausgruppen sind ost-west-ausgerichtet. Der gemeinschaftliche Wohnraum orientiert sich zur Terrasse und zum Garten. Daneben befindet sich im Erdgeschoss die Wohnküche gleich am Eingang, ein Platz für Garderobe, ein Abstellraum und ein separates WC. Eine innenliegende Treppe führt in das erste Obergeschoss mit den drei Individualräumen und dem Bad. Im Dachgeschoss befindet sich ein großzügiger Raum, der unterschiedlich ausgebaut werden könnte mit einer geräumigen Dachterrasse.

Entstanden ist hier eine Reihung von gleichen Häusern – darin bestand auch eine Kostenreduzierung –, die sich aber durch ihre Farbgebung unterscheiden. Durch die Entscheidung für einfache, klare und wohlproportionierte Formen ist hier ein Haustyp entstanden, der durch seinen Verzicht auf modische Details auch in zehn oder zwanzig Jahren noch attraktiv sein wird.

Jutta Schattauer

1953	geboren
1980–1986	Studium und Diplom an der HdK Berlin
seit 1987	Partnerschaft mit Constanze Tibes

Constanze Tibes

1954	geboren
1980–1986	Studium und Diplom an der TU Berlin
seit 1987	Partnerschaft mit Jutta Schattauer

Projektinfo

Federführung:	Jutta Schattauer und Constanze Tibes
Bauherrschaft:	Stadt + Land Wohnbauten GmbH
Baujahr:	1998
Standort:	Gartenstadt Rudow, Berlin
Grundstücksgröße:	4816 m²
Wohnfläche:	2545 m²
BRI:	12620 m³
Baukosten:	2333 DM/m²
Anzahl der Wohneinheiten:	25 Reihenhäuser
Fotos:	Werner Hutmacher, Berlin

Gartenseite der Reihen-
häuser: 2-geschossig
mit Dachterrasse

3-geschossige Eingangsseiten

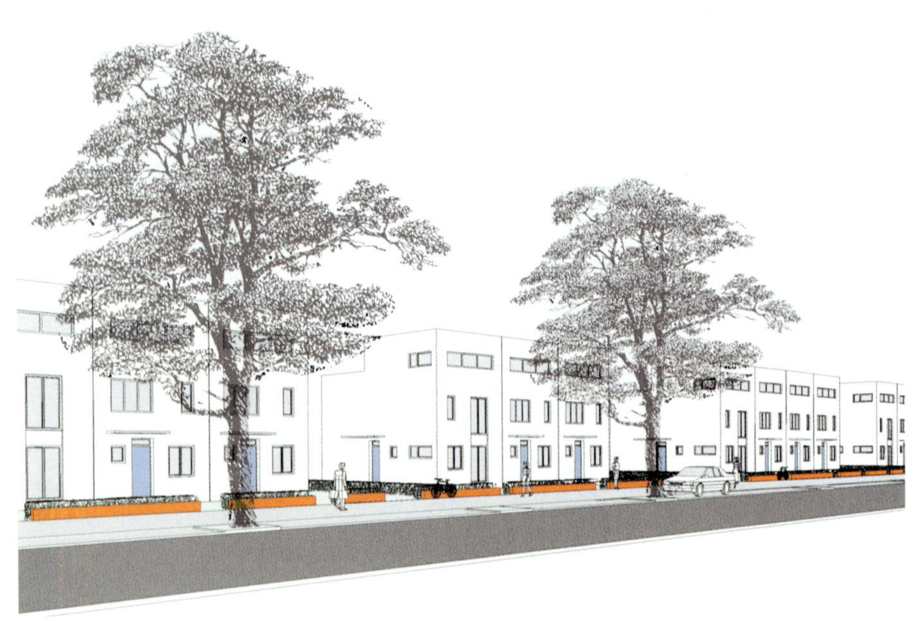

Perspektivzeichnung

1:200

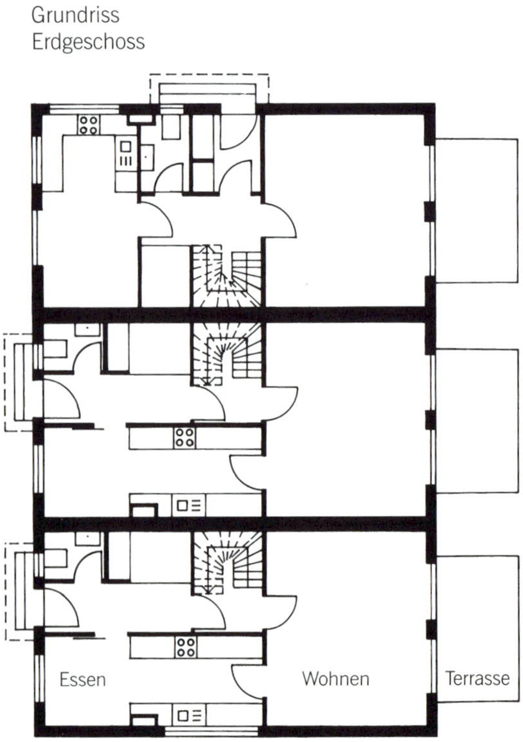
Grundriss
Erdgeschoss
Essen
Wohnen
Terrasse

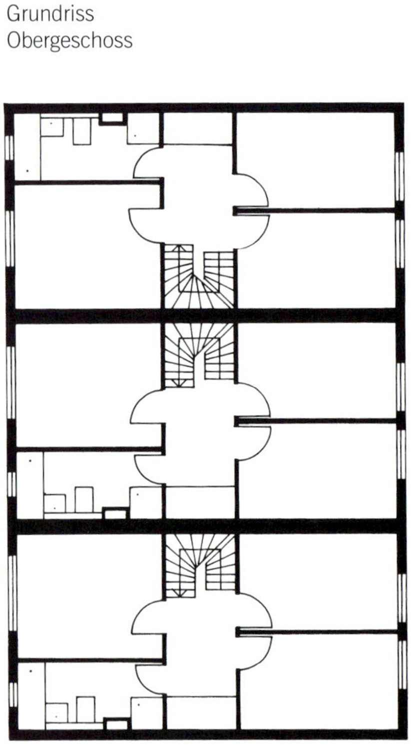
Grundriss
Obergeschoss

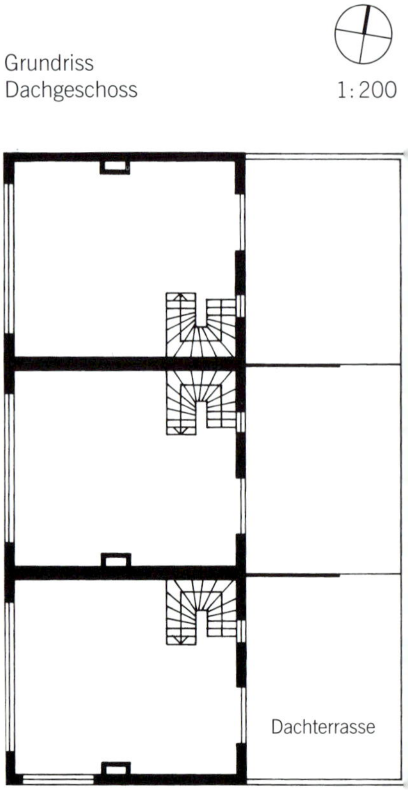
Grundriss
Dachgeschoss
Dachterrasse

Haustür mit Sicht-
schlitz und
filigranem Vordach

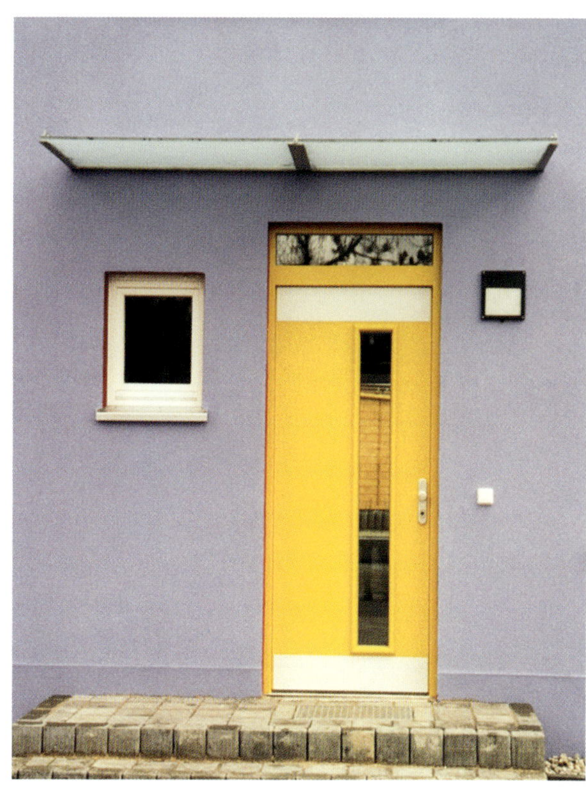

Blick auf die Südspitze der Wohnbebauung
mit roten Fensterlaibungen

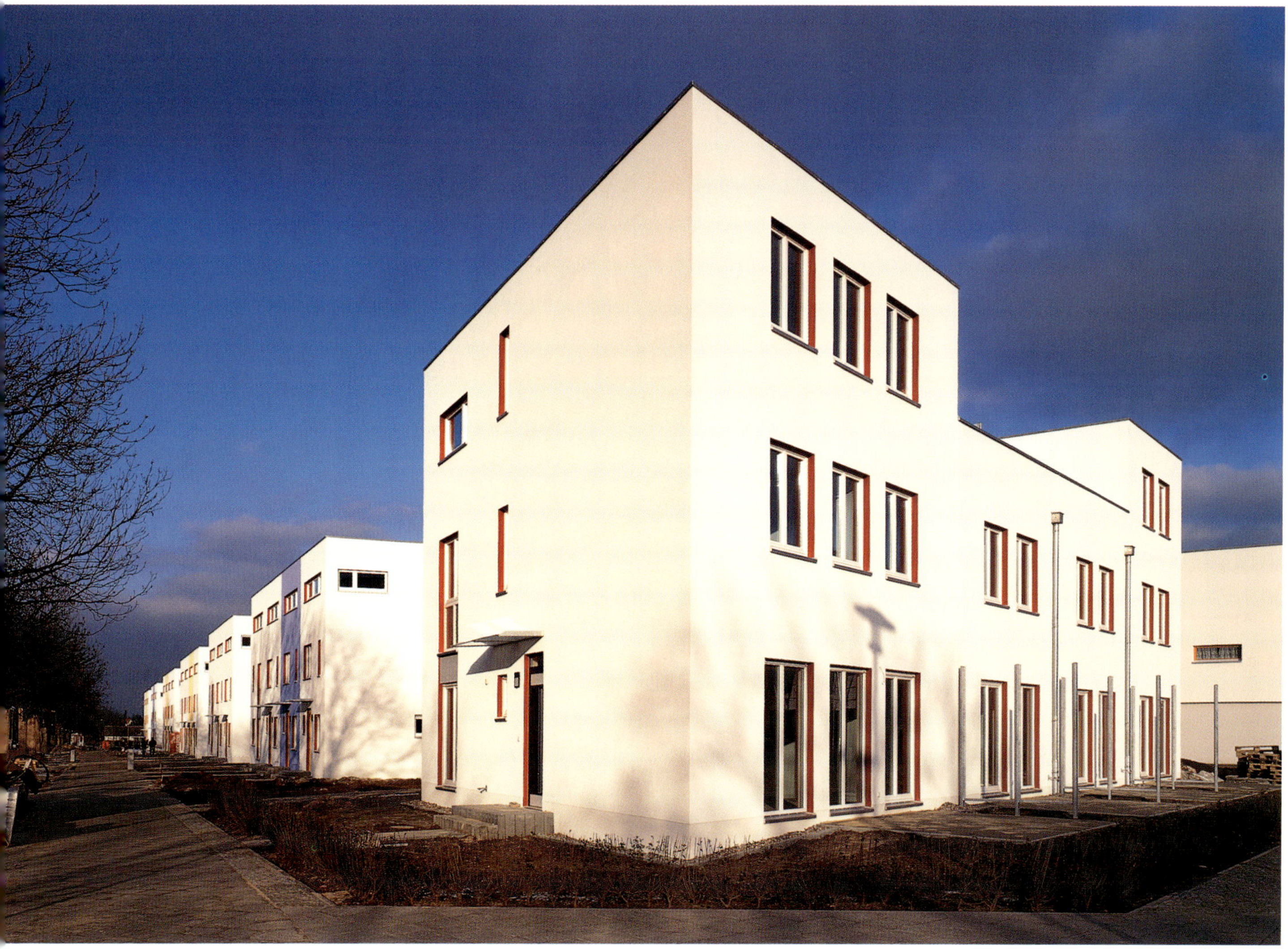

Wohnen am Hasenbergl

Maisonette-Wohnungen in München

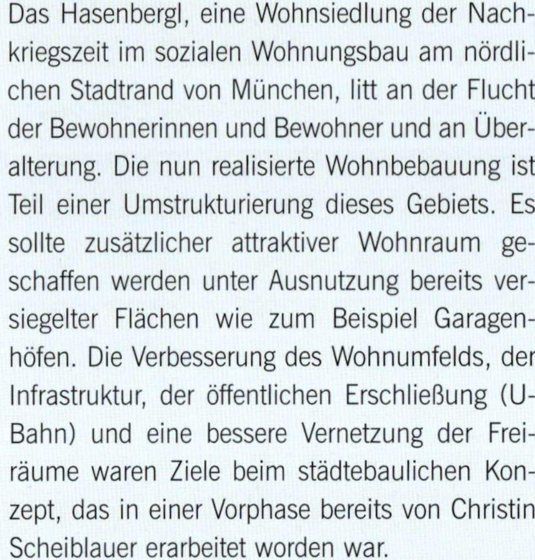

Das Hasenbergl, eine Wohnsiedlung der Nachkriegszeit im sozialen Wohnungsbau am nördlichen Stadtrand von München, litt an der Flucht der Bewohnerinnen und Bewohner und an Überalterung. Die nun realisierte Wohnbebauung ist Teil einer Umstrukturierung dieses Gebiets. Es sollte zusätzlicher attraktiver Wohnraum geschaffen werden unter Ausnutzung bereits versiegelter Flächen wie zum Beispiel Garagenhöfen. Die Verbesserung des Wohnumfelds, der Infrastruktur, der öffentlichen Erschließung (U-Bahn) und eine bessere Vernetzung der Freiräume waren Ziele beim städtebaulichen Konzept, das in einer Vorphase bereits von Christin Scheiblauer erarbeitet worden war.

Die Wohnbebauung reagiert mit ihrem straßenbegleitenden langen Gebäude auf die gegenüberliegende offene Zeilenbebauung. 56 Wohnungen finden hier ihren Platz, wobei jeweils zwei Maisonette-Wohnungen übereinander angeordnet sind. Das Gebäude ist nord-süd-orientiert. Ein markanter Durchgang vom Hauptweg in den Gartenbereich setzt – leicht aus der Mitte verschoben – eine Zäsur. Eines der beiden Gebäudeenden steht für Praxen und Büros zur Verfügung.

Alle Wohnungen sind von außen entweder direkt zugänglich oder werden über offene, breite Laubengänge erschlossen, das heißt, dass jede Wohnung ihre eigene Haustür hat.

Christin Scheiblauer und Nikolaus Neuleitner haben eine Mischung von verschiedenen Wohnungsgrößen vorgesehen. Der Wohnungstyp für zwei bis vier Personen wurde am häufigsten geplant.

Die Küche im Norden orientiert sich zum Wohnweg beziehungsweise zum Laubengang. Durch ein Schiebeelement ist die Küche vom Ess- und Wohnbereich zu trennen. Die Individualräume befinden sich eine Ebene darüber mit Bad und Abstellraum. Im Erdgeschoss ist der Terrasse vor dem Wohnraum ein kleiner Privatgarten vorgelagert. Die Zwei-Zimmer-Maisonette-Wohnungen im 2./3. Obergeschoss haben stattdessen Balkone und Terrassen.

Das Gesamtgebäude ist sehr stark durch seine städtebauliche Idee geprägt. Hier wurde ein zusätzliches Angebot von innerstädtischem Wohnraum geschaffen – ein konstruktiver Beitrag, der Zersiedelung an den Stadträndern mit all ihren negativen Folgeerscheinungen entgegenzuwirken.

Christin Scheiblauer

1946	geboren in Goslar, Harz
1972	Diplom an der TU München
	langjähriger Auslandsaufenthalt, Mitarbeit im Büro Robert Joly, Paris, Schwerpunkt Stadterneuerung
1980–1986	wissenschaftliche Assistentin an der TU München, parallel selbstständige Tätigkeit
seit 1987	eigenes Büro
seit 1994	Arbeitsgemeinschaft mit Nikolaus Neuleitner
seit 1997	Professur an der FH Frankfurt in der Fachrichtung Städtebau

Projektinfo

Federführung:	Christin Scheiblauer, München, arbeitet in einer Bürogemeinschaft mit Nikolaus Neuleitner, Buch am Erlbach
	Mitarbeit: Bärbel Schuster, Anke Brauser
	Landschaftsarchitektin: Gabriella Zaharias, München
Bauherrschaft:	GWG – Gemeinnützige Wohnstätten und Siedlungsgesellschaft mbH, München
Baujahr:	Fertigstellung 1999
Standort:	München
Grundstücksgröße:	5 229 m²
Wohnfläche:	4 004 m² (netto)
BRI:	23 322 m³ incl. Tiefgarage und Keller
Baukosten:	ca. 2 500 DM/m² (freifinanzierte Wohnungen)
Anzahl der Wohnungen:	56
Fotos:	Ingrid Scheffler, München

Ein Ausschnitt der
Südfassade mit großem
Dachüberstand

Der Treppenaufgang zum gemeinsamen
Laubengang auf der Nordseite

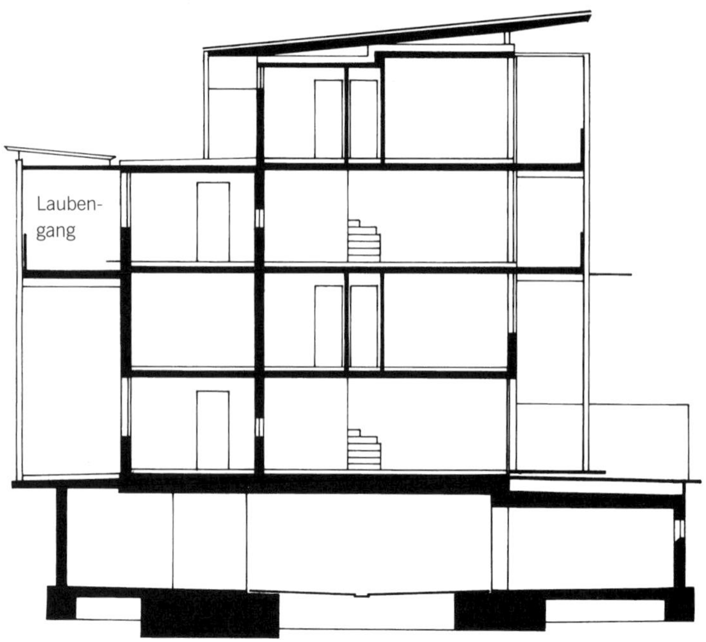

Schnitt mit breitem Laubengang

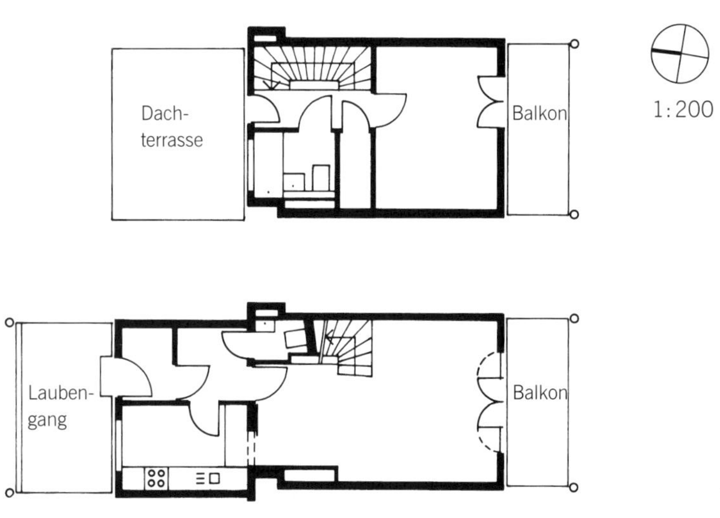

1:200

Grundriss
2. u. 3. Obergeschoss

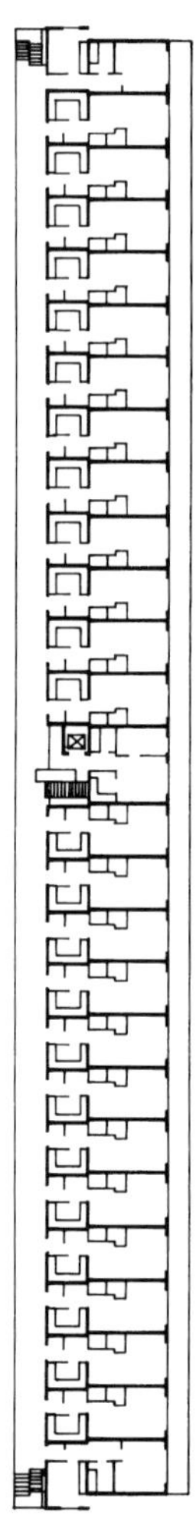

Schemaplan
2. Obergeschoss
1:1000

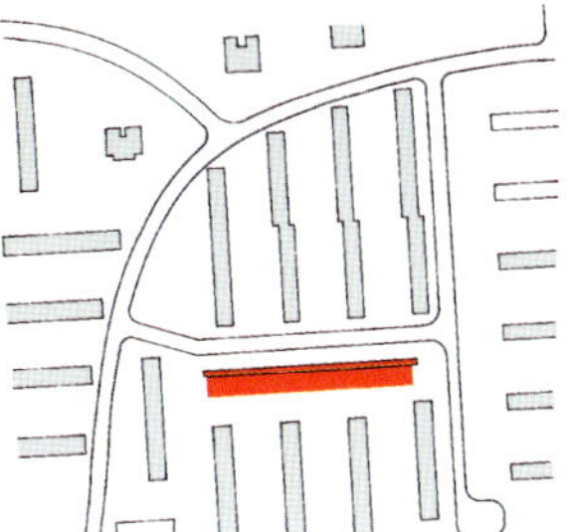

Besondere Faltläden zur
Verschattung auf der Südseite

Blick zwischen die vorhandene
Zeilenbebauung der Nachkriegszeit

Wohnen
in Gemeinschaft

Studentisches Wohnen in Vaasa, Finnland

Vaasa liegt an der Westküste Finnlands. Die Universität von Vaasa war erweitert worden, woraufhin mit einer größeren Zahl von Studierenden zu rechnen war. Diese benötigten eigene Wohnhäuser, einen zentralen Platz für Aktivitäten, ein Restaurant, Büros, ein studentisches Theater und nicht zuletzt Erholungsmöglichkeiten.

Die alte Brotfabrik aus der Jahrhundertwende dominiert das Erscheinungsbild des Gesamtkomplexes. Durch die Renovierung konnte ihr originaler historischer Charakter herausgearbeitet werden. Zusammen mit dem neuen hölzernen Wohnhaus, dem alten Holzhaus und dem Betongebäude aus den 50er Jahren bildet die alte Brotfabrik eine Collage aus verschiedenen Materialien und Zeiten. Sie stehen quasi miteinander im Dialog und schaffen Außenräume – darunter auch der Theater-Bereich, ein Garten und ein Pfad aus Natursteinen – die fast noch wichtiger erscheinen als die Gebäude selber.

In der Brotfabrik, die seit den 70er Jahren leerstand, fanden im Erdgeschoss ein Restaurant, ein Computerraum und Gemeinschaftsräume ihren Platz. In den Obergeschossen liegen die Zimmer der Studierenden mit eigenem Duschbad und auf dem Dach befindet sich eine Sauna mit Dachterrasse und Sicht auf die See.

Auch das alte Bürogebäude aus den 50er Jahren wurde bei der Renovierung in seinem Original-Charakter mit den Original-Farben und -Details belassen und durch einen Ergänzungsbau aus rotem Ziegelmauerwerk überbaut und erweitert. Dieser orientiert sich in seiner Größe an der Brotfabrik. Die wichtigste Funktion des Erweiterungsbaus ist es, den Außenraum zu schließen und einen großen öffentlichen Theaterraum zu schaffen. In dem alten Fünfziger-Jahre-Gebäude wurden wieder Wohnungen eingerichtet. Hier leben die Studierenden in unterschiedlich großen Wohngemeinschaften. Sie verfügen alle über ein eigenes Duschbad und teilen die Wohnküche miteinander. Der neue Wohnteil überdeckt das bestehende Gebäude oben und seitlich, sodass das alte Haus wie eine Besonderheit innerhalb des Neuen erscheint.

Das neue zweigeschossige Holzgebäude bildet durch seine runde Ecke eine neue Raumkante zur Straße hin und gestaltet im Hofbereich mit einer Stufenanlage den Außenraum. Die Wohnungen sind für jeweils 3 Studierende konzipiert, die sich Küche, Bad und Wohnraum teilen. Die Gemeinschaftsräume öffnen sich mit horizontalen Fenstern zum Innenbereich/Theater, die Individualräume liegen zur Straße und haben französische Fenster bis zum Boden.

Die architektonischen Lösungen sind einfach, und der Schwerpunkt wird auf öffentliche Räume gesetzt. Das Budget war sehr niedrig, da das Projekt im Rahmen der Förderung des Sozialen Wohnungsbaus von der Regierung unterstützt wurde.
Dieses Projekt kann beispielhaft Anregungen geben, über verschiedene Wohnformen nachzudenken. Hier finden sich unterschiedliche Kombinationen von individuellen und von gemeinschaftlich genutzten Räumen. Mal werden Küche, Essplatz und Bad geteilt (siehe neues Holzgebäude über Eck), mal gehören zu jedem Zimmer ein eigenes Duschbad und eine kleine Kochzeile (alte Brotfabrik), und zusätzlich gibt es im Erdgeschoss ein Restaurant und Gemeinschaftsräume.

Das Wohnprojekt in Vaasa von Pirjo und Matti Sanaksenaho lässt ahnen, wie interessant Single-Wohnen in Gemeinschaft gestaltet werden kann.

Pirjo Sanaksenaho

1966	Pirjo Papunen, geboren in Turku, Finnland
1988–1993	Mitarbeit in verschiedenen Architekturbüros in Helsinki
1993	Diplom »Master of Architecture« an der Technischen Universität von Helsinki
seit 1993	Zusammenarbeit mit Matti Sanaksenaho
1996	Geburt von Aapo
seit 1997	Partnerin im Büro Sanaksenaho
1998	Geburt von Oona

Gesamtensemble:
ehemalige Brotfabrik mit
ergänzenden Neubauten

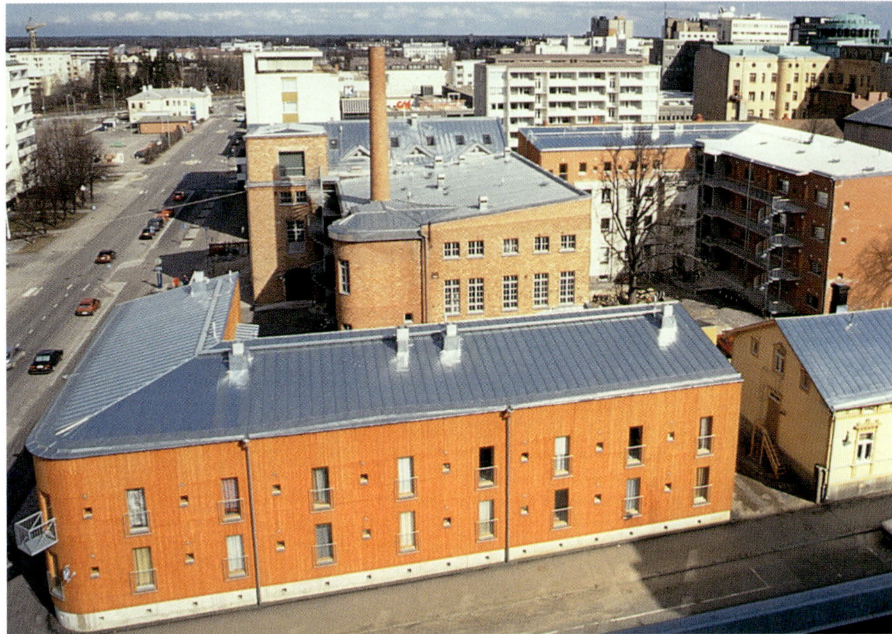

Neues Holzgebäude mit
Wohngemeinschaftswohnungen

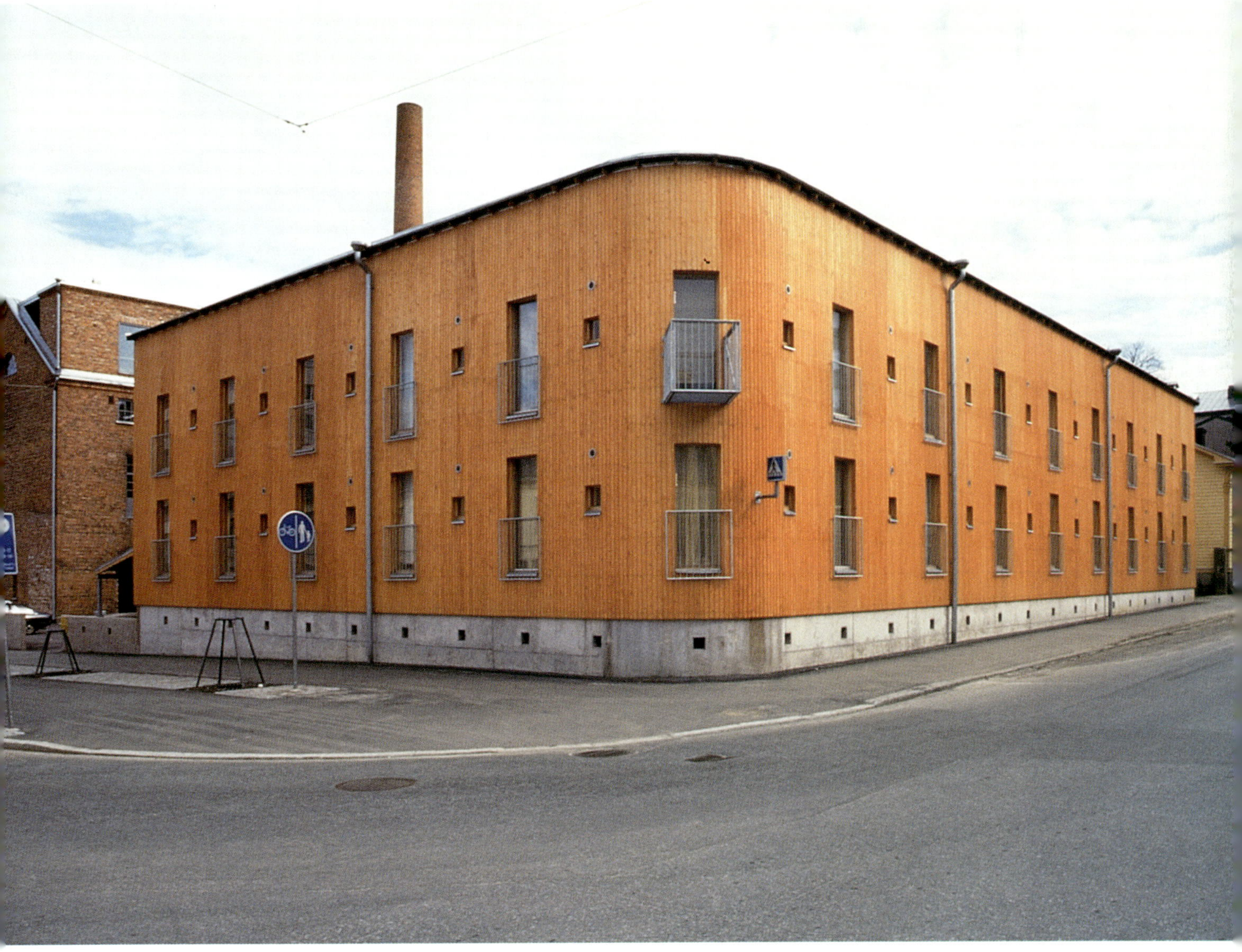

Sitzstufen und Balkone auf der
Innenseite des
Wohngemeinschaftshauses

Spitze Ecke des
»neuen Backsteingebäudes«

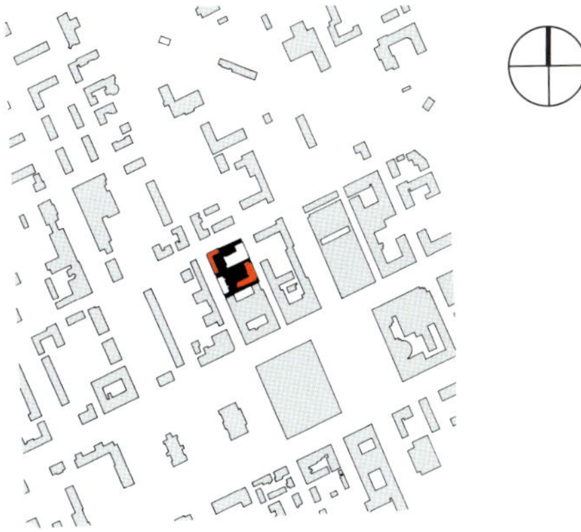

Lageplan 1

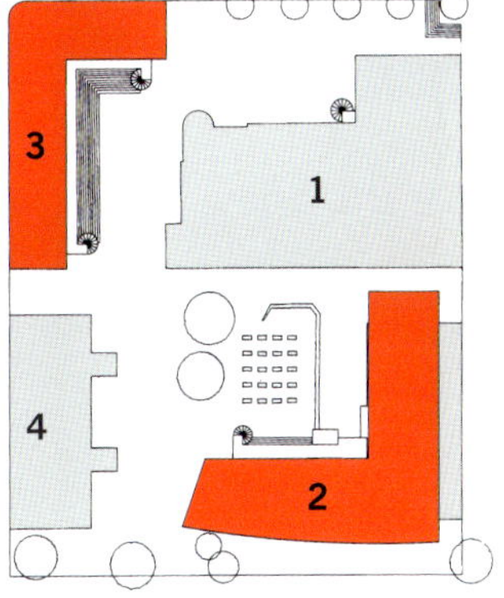

Lageplan 2

1 Alte Brotfabrik (1901),
  umgebaut
2 Neues Backsteingebäude
  auf altem Bürohaus (1950)
3 Neues Holzgebäude
4 Altes Holzgebäude,
  umgebaut

Blick von der Wohn-
gemeinschaftsküche
auf die Sitzstufe des
»neuen Holzgebäudes«

Projektinfo

Federführung: Pirjo Sanaksenaho arbeitet
                     in einer Bürogemeinschaft
                     mit Matti Sanaksenaho,
                     Helsinki
                     Mitarbeit: Harri Koskinen,
                     Leena Siikanen, Jari Mänttäri,
                     Enrico Garbin, Erika Ambro-
                     sone, Sari Lehtonen, Riitta
                     Juutilainen, Mina Sugiyama,
                     Karin Oliver, Andreas Rubin
                     Statiker: Antti Vahvaselkä,
                     Elisabet Mäki, Insinööritoi-
                     misto Avecon
Bauherrschaft: AnttKoski, Student Housing
                     Foundation in Vaasa
Baujahr: Bauzeit 1996/1999
Standort: Vaasa, Finnland
Wohn-/Nutzfläche: 2746 m² (renovierte Brot-
                     fabrik); 708 m² (neues
                     Wohngebäude aus Holz);
                     467 m² (renoviertes altes
                     Holzgebäude); 2711 m²
                     (neues Wohngebäude
                     gemauert)
BRI: 10984 m³ (renovierte Brot-
                     fabrik); 2124 m³ (neues
                     Wohngebäude aus Holz);
                     1158 m³ (renoviertes altes
                     Holzgebäude); 7768 m³
                     (neues Wohngebäude
                     gemauert)

Fotos: Jari Jetsonen, Helsinki:
                     Seite 164, 165
                     Sanaksenaho, Helsinki:
                     Seite 162, 163

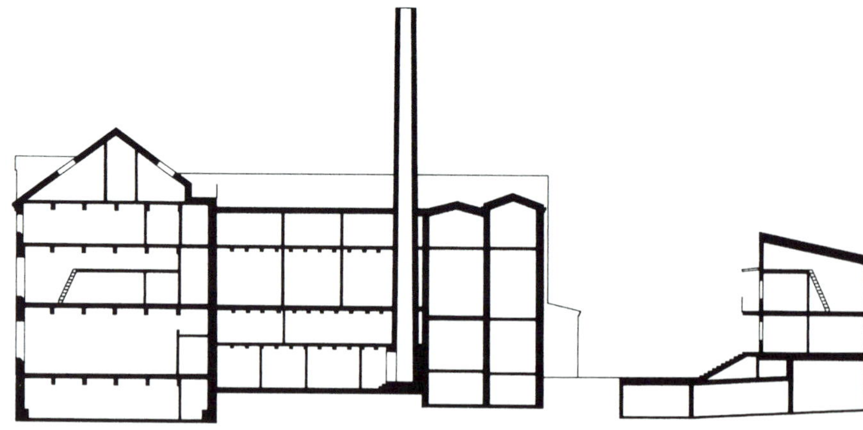

Schnitt durch alte Brotfabrik und neues Holzgebäude o.M.

Grundriss neues
Backsteingebäude
Normalgeschoss o.M.

1 Gemeinschafts-
   küche
2 Zimmer
3 Bad
4 Zimmer mit
   Kochzeile

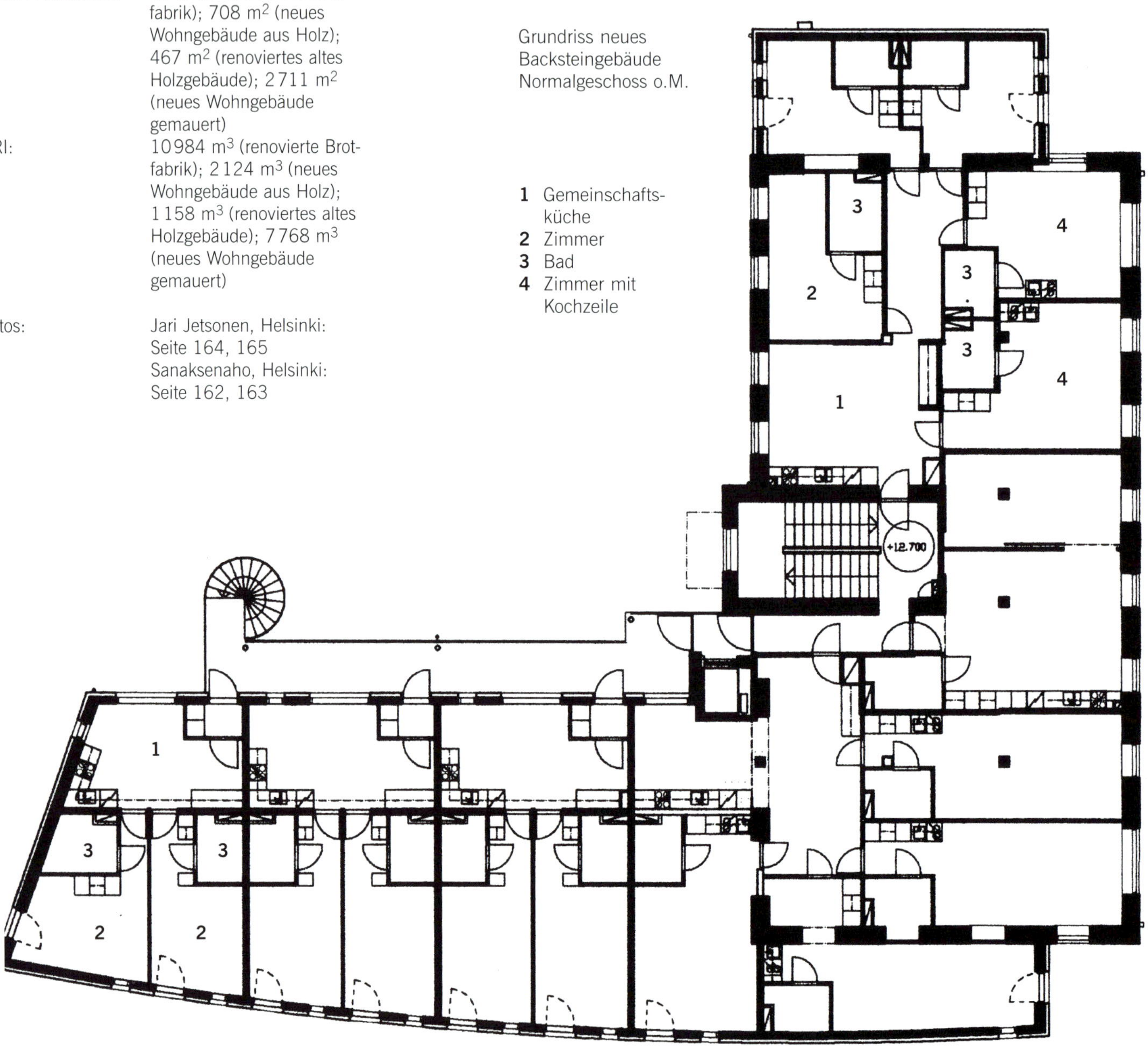

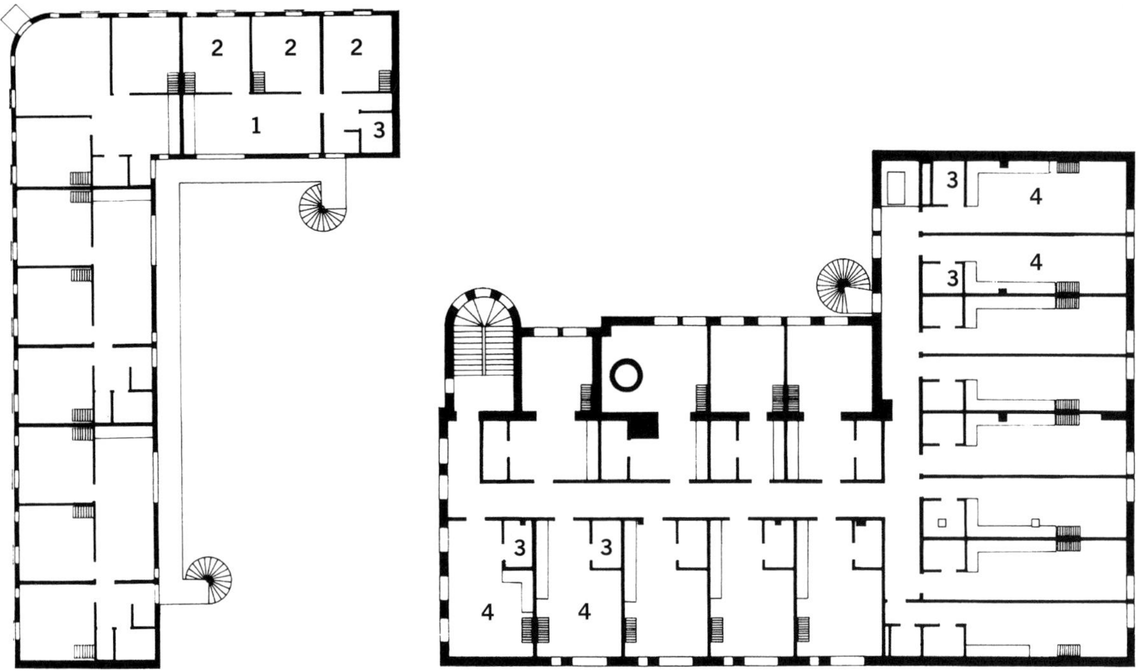

Grundriss alte Brotfabrik
und neues Holzgebäude,
1. Obergeschoss o.M.

1 Gemeinschaftsküche
2 Zimmer
3 Bad
4 Zimmer mit
  Kochzeile
5 Restaurant u.
  Gemeinschaftsräume

Grundriss alte Brotfabrik
und neues Holzgebäude,
Erdgeschoss o.M.

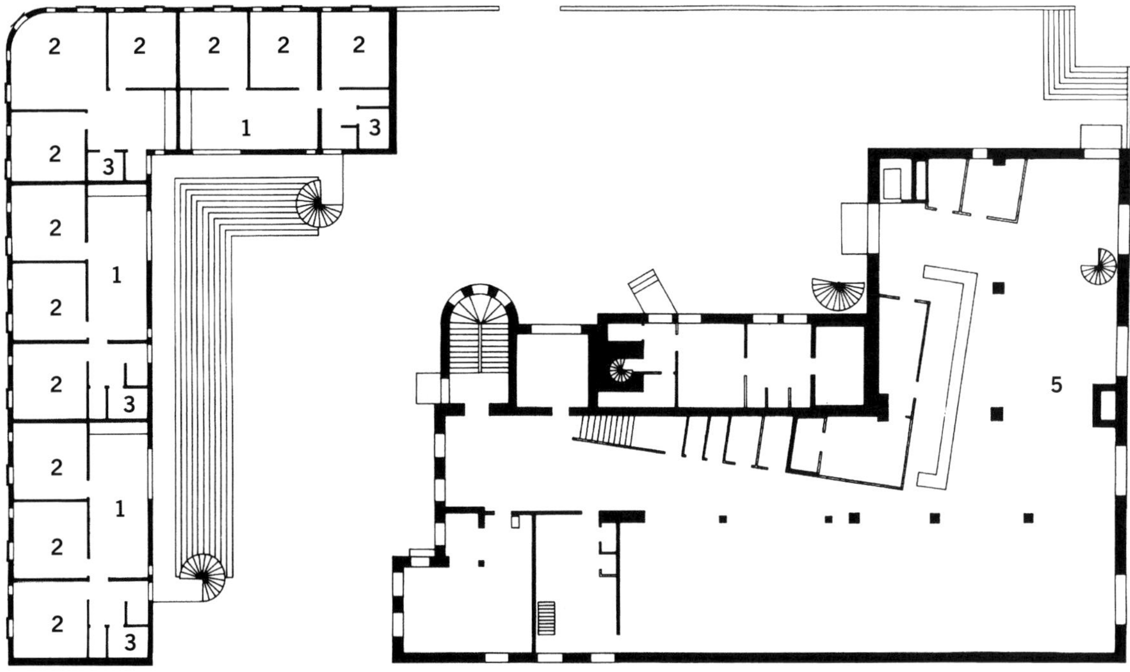

Am Grenzwächtergang

Wohnprojekt in Hamburg

Das Wohnhaus Brigittenstraße in St. Pauli Nord wurde an der ehemaligen Grenze zwischen Altona und Hamburg gebaut. Der hier an der westlichen Grundstücksseite verlaufende frühere Grenzwächtergang ist auch heute noch durch historische Grenzsteine markiert. Daher rührte auch der Spitzname der schwulen Wohngruppe, die »Jungs vom Grenzwächtergang«, die als Bauherren das 290 Quadratmeter kleine Grundstück in St. Pauli erwarben.

Dort, wo der ehemalige Grenzwächtergang verlief, wird der Blick nun durch einen Rahmen aus Corteen-Stahl und dahinter durch eine zweigeschossige Verglasung in den grünen Innenhof gelenkt. Diese gestalterische Lösung war Voraussetzung für eine Genehmigung vonseiten der Stadtplanung. Einerseits nimmt die fünfgeschossige Bebauung durch den Versprung an der Straßenseite die Gebäudefluchten auf, andererseits betont das Gebäude durch seine zeitgemäße und klare Sprache die besondere Ecksituation.

Im Erdgeschoss befindet sich eine Laden- bzw. Büronutzung. Der Großteil der acht Wohnungen ist für ein oder zwei Bewohner geplant. Eine Wohngemeinschaft von vier Personen bewohnt eine Maisonette-Wohnung im 2. und 3. Obergeschoss. Diese wird erschlossen über einen großzügigen Koch- und Essbereich. Von einem abgetrennten Flur aus, der gleichzeitig als Pufferzone zum Gemeinschaftsraum dient, werden die Individualräume mit kleinem Bad oder auf der anderen Seite mit separatem WC ereicht. Auch die übrigen Wohnungen verfügen immer über eine Wohnküche als Zentrum, so kann auf eine Diele verzichtet werden. Alle Wohnungen besitzen mindestens einen Balkon.

»In einer offenen und toleranten Umgebung miteinander leben, ohne Diskriminierung und mit enger Nachbarschaftshilfe, dies ist nun keine Utopie mehr, sondern gebaute Wirklichkeit für die engagierte Gemeinschaft der Bauherren«, schreibt Beata Huke-Schubert.

1959	geboren in Hamburg
1973–1976	Architekturstudium an der FH Hamburg
1979–1984	Architekturstudium an an der Hochschule für Bildende Künste Hamburg
seit 1981	Tätigkeit als selbstständige Architektin
seit 1984	Teilzeitprofessur an der Hochschule für Bildende Künste Hamburg
1986	Geburt der Tochter Ann-Katrin
seit 1989	Tätigkeit als Architektin

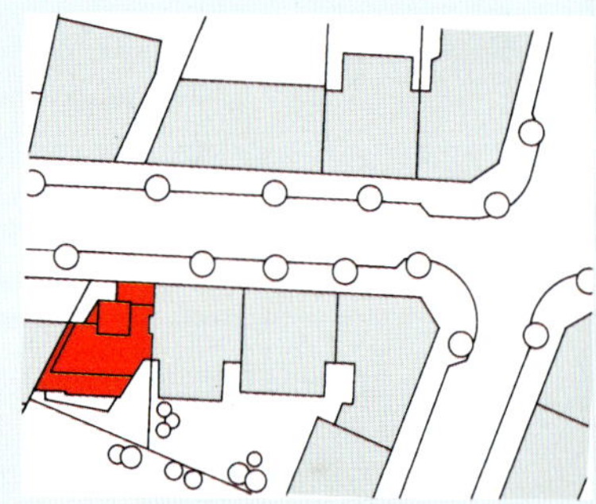

Federführung:	Beata Huke-Schubert Mitarbeit: Susanne Keuneke, Bettina Szameitat
Baujahr:	1996/97
Standort:	Hamburg
Grundstücksgröße:	291 m²
Wohnfläche:	825,40 m²
BRI:	3610 m³
Anzahl der Wohneinheiten:	8 Wohnungen
Fotos:	Aloys Kiefer, Hamburg

Gartenseite

Besondere Eckgestaltung
der Eingangsfassade mit
zweigeschossiger Öffnung
(Grenzwächtergang)

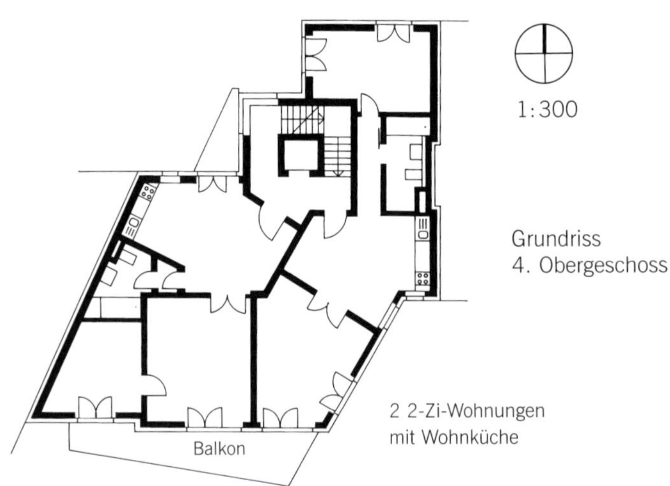

Grundriss
4. Obergeschoss

2 2-Zi-Wohnungen
mit Wohnküche

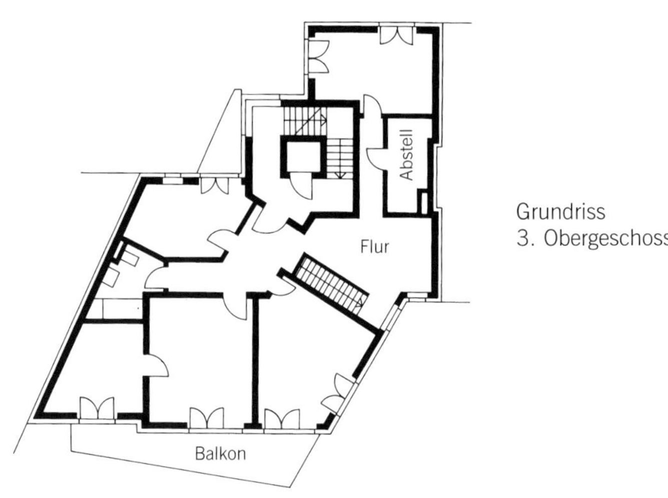

Grundriss
3. Obergeschoss

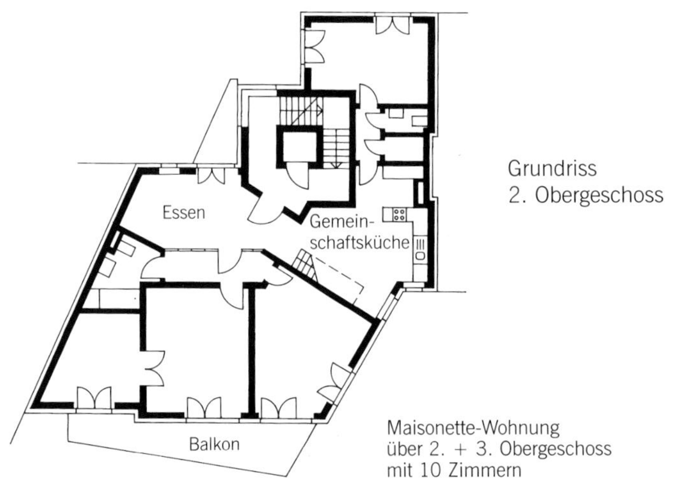

Grundriss
2. Obergeschoss

Maisonette-Wohnung
über 2. + 3. Obergeschoss
mit 10 Zimmern

Innenliegende Treppe
der Maisonette-
Wohnung mit
Gemeinschaftsküche

Bad und Küche einer
2-Zimmer-Wohnung

Single-Wohnen

Das Eileen-G-Haus in der Tübinger Südstadt

Odile Laufner

1951	geboren in Trier
1970–1976	Studium der Fachrichtung Architektur und Städtebau an der Universität Stuttgart
bis 1987	Mitarbeit in verschiedenen Architekturbüros
seit 1979	Vorträge und Gastvorlesungen an zahlreichen Universitäten
seit 1982	Lehraufträge an der Universität Stuttgart, TU München, FH Frankfurt
1987	Gründung eines eigenen Büros
seit 1988	Bürogemeinschaft mit Monika Ernst
seit 1990	Tätigkeit als Preisrichterin

Monika Ernst

1959	geboren in Pfaffenhofen
ab 1980	Architektur-Studium an der TU Berlin, HdK Berlin und in Montpellier, Frankreich
1986	Diplom TU Berlin Mitarbeit in verschiedenen Architekturbüros
seit 1988	Bürogemeinschaft mit Odile Laufner

In einem ehemaligen Kasernen-Areal der Tübinger Südstadt wurde ein Haus für Singles geplant. Niedrige Kosten, Barrierefreiheit, Koppelbarkeit und die Qualitäten, die an Lofts geschätzt werden, sollten hier verwirklicht werden.

Städtebaulich geprägt ist das ehemalige Kasernen-Areal durch ein Nachverdichtungskonzept, das Platz lässt für sehr unterschiedliche Bau-, Dach- und Wohnformen und so der Monotonie solcher Gebiete ein Stück »Chaos« entgegensetzt. Im Norden befindet sich eine stark befahrene Straße, deren negative Auswirkungen durch eine Lärmschutzwand abgeschwächt werden.

Der Entwurf der Architektinnen Laufner + Ernst besteht aus drei Elementen: einer schrägen hohen Scheibe als Lärmschutz und Kopfgebäude, einem Erschließungselement und einem Baukörper, der die angrenzende Bebauung aufnimmt.

In dem hohen Gebäudeteil befindet sich in einem Normalgeschoss eine 2 1/2-Zimmer-Wohnung, bei der der Raum zur Straße auch als Arbeitsraum bzw. Büro genutzt werden kann. Die beiden Wohnungen im südlichen Gebäudeteil können auf verschiedene Weise gekoppelt werden. Vorgeschaltet ist ein variabler Raum, der entweder Gemeinschaftsraum oder als abgetrennter Raum zusätzliches Arbeits- oder Gästezimmer sein kann. Diese beiden Wohnungen können auch noch enger miteinander gekoppelt werden durch relativ einfaches Herausnehmen eines Teils der Trennwand. Dadurch sind verschiedene Variationen von räumlicher Nähe möglich. Die vorgestellte Balkonzone auf der Westseite ermöglicht sowohl Kommunikation als auch eine individuell abgetrennte Nutzung.

Die Wohnungen gewinnen ihre Qualität durch ihre Ost-West-Durchlichtung. Küche und Bad sind mit Schiebeelementen zu öffnen. So entsteht ein räumliches Kontinuum, ein Kreislauf, in dem die Ver- und Entsorgungsräume das Zentrum der Wohnung bilden und je nach Bedarf zugeschaltet werden können.

Da Singles insbesondere in einer Universitätsstadt häufig mobil sind, wird hier ein Konzept vorgesehen, bei dem auf eigene Schränke weitgehend verzichtet werden kann: Die gesamte Haustiefe ist mit einem deckenbündigen Schiebeschranksystem ausgestattet, als Alternative für Abstellraum, Regale und Schränke.

Im Erdgeschoss und ersten Obergeschoss des nördlichen Baukörpers befindet sich ein Büro. Im südlichen Baukörper gibt es Platz für eine Drei-Zimmer-Wohnung, die alternativ auch als Büro genutzt werden könnte.

Das Eileen-G-Haus stellt ein selbstbewusstes, markantes Zeichen für das Quartier dar, in dem verschiedene Formen des Zusammen- und Alleinlebens möglich sind und Arbeitsräume selbstverständlich integriert werden können.

Projektinfo

Federführung:	Odile Laufner und Monika Ernst
Entwurf:	1999
Standort:	Tübingen
Wohn-/Bürofläche:	1 476,60 m^2
BRI:	ca. 5 940 m^3 (incl. Keller)
Baukosten geschätzt:	ca. 2,99 Mio. DM
Anzahl der Wohnungen:	18 Wohnungen, 1 Büro
Fotos:	Architekturbüro Laufner + Ernst, Stuttgart

Das Eileen-G-Haus:
Kopfgebäude als räum-
licher Abschluss für das
U-förmige Quartier

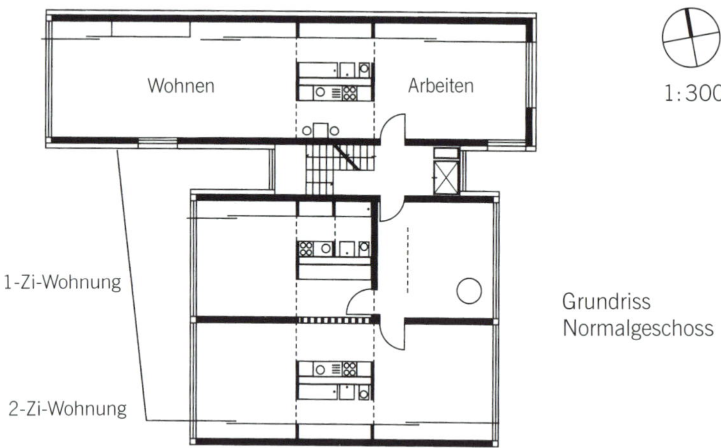

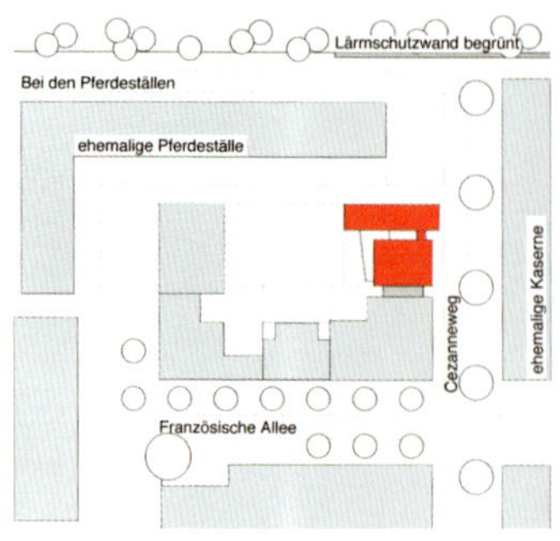

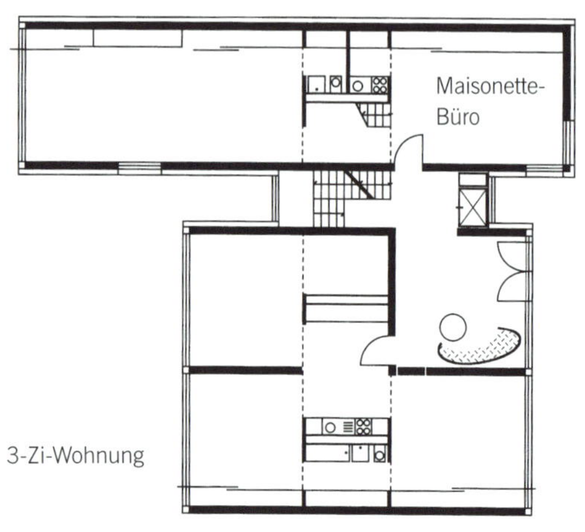

Ansicht von Norden

Ansicht von Osten

174   Odile Laufner + Monika Ernst

Das Eileen-G-Haus
gliedert sich in
drei Elemente:
hohe Hausscheibe,
Aufzug und
Kubusgebäude

Westseite mit
Balkonen zum
Quartiergarten

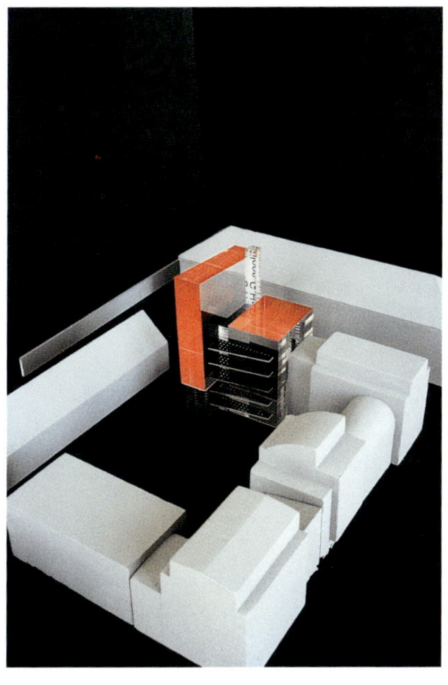

Die rote hohe
Hausscheibe setzt
ein selbstbewusstes
Zeichen für das
Quartier.

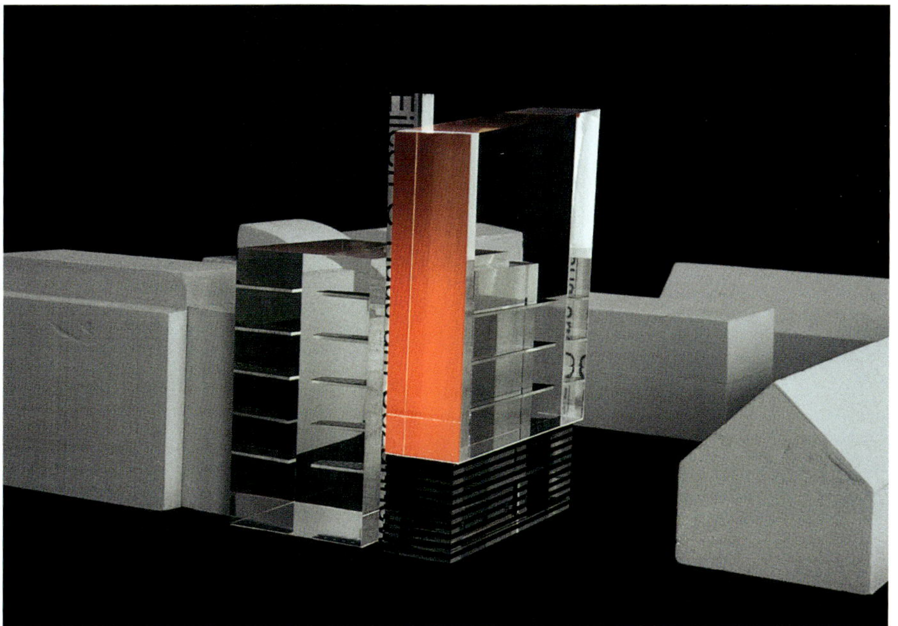

Wohnen und Arbeiten

Gebäude an einer alten Ecke in Leipzig

Die neue Bebauung für Wohnen und Arbeiten befindet sich an der Ecke Inselstraße/Egelstraße im grafischen Viertel von Leipzig. Städtebauliche Vorgabe war es hier, die Einzelhausbebauung der umgebenden Grundstücke als Entwurfselement aufzunehmen. Auf den zwei Einzelgrundstücken sind aus diesem Grund auch zwei klar unterscheidbare Gebäude entstanden, die durch ein Erschließungselement miteinander verbunden sind. Im rechten Gebäude ist nördlich dieses Flures eine Büronutzung bzw. Dienstleistung untergebracht, im südlichen Gebäudeteil wird gewohnt. Das Nachbarhaus, das im Nord-Osten angrenzt, ist ein unter Denkmalschutz stehender Gewerbebau. Deshalb wurde auf dieser Seite der Gewerbeteil vorgesehen, der sich mit seiner hellen Sandsteinfassade von der Putzfassade des Wohngebäudes abhebt.

Die parallel zur Egelstraße verlaufende gläserne »Scheibe« mit ihrer filigranen Treppe ist gleichzeitig Verbindungs- und Trennelement. Wie eine Skulptur wurde die einläufige Treppe in diese Scheibe eingestellt, deren statische Ausformung nach Aussage der Architektin »wie ein Schiffsbug« die gewünschte Leichtigkeit unterstreicht.

Alle Wohnungen werden über dieses gläserne Verbindungselement erschlossen, das auch als jeweils zweiter Zugang bzw. notwendiger Fluchtweg für die Büros dient. Dadurch ist es möglich, eine Wohnung und ein Büro auf einer Ebene zu mieten, getrennt voneinander und doch in unmittelbarer Nähe. Hier konnte Anne Rabenschlag ein ihr wichtiges Entwurfsprinzip verwirklichen: Wohnen und Arbeiten unter einem Dach.

Auf jeder Normalebene sind fünf Wohnungen in unterschiedlicher Größe angeordnet. Damit werden unterschiedliche Formen des Zusammenlebens ermöglicht. Die Individualräume sind annähernd gleich groß, sodass es keine festgelegten Nutzungen gibt. Jede Wohnung verfügt über einen eigenwillig herausgeschobenen Balkon zur Südseite bzw. zum Innenhof hin.

Anne Rabenschlag

1950	geboren in Wuppertal Design- und Architekturstudium an der HfBK Hamburg
1978–1980	Mitarbeit im Architekturbüro H. + I. Baller, Berlin
1980–1985	wissenschaftliche Assistentin an der TU Berlin im Fachbereich Entwurf und Baukonstruktion
1981–1986	eigenes Büro in Partnerschaft
seit 1986	alleinige Inhaberin des Büros diverse Wettbewerbsgewinne lebt und arbeitet in Köln und Berlin

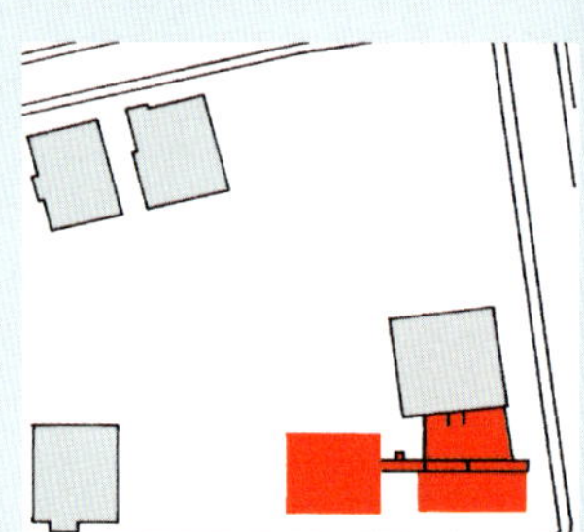

Projektinfo

Federführung:	Anne Rabenschlag, Berlin Projektleiter: T. Bofinger Mitarbeiterin: A. Buttler Landschaftsarchitektin: Regina Poly, Berlin
Baujahr:	1994/1996
Standort:	Leipzig
Grundstücksgröße:	2070 m²
Wohnfläche:	1769 m²
Gewerbefläche:	734 m²
BRI:	ca. 13 276 m³
Anzahl der Wohneinheiten:	vier 1-Zi.-Wohnungen, acht 2-Zi.-Wohnungen, neun 3-Zi.-Wohnungen, eine 4-Zi.-Wohnung
Fotos:	Gerhard Kassner, Berlin

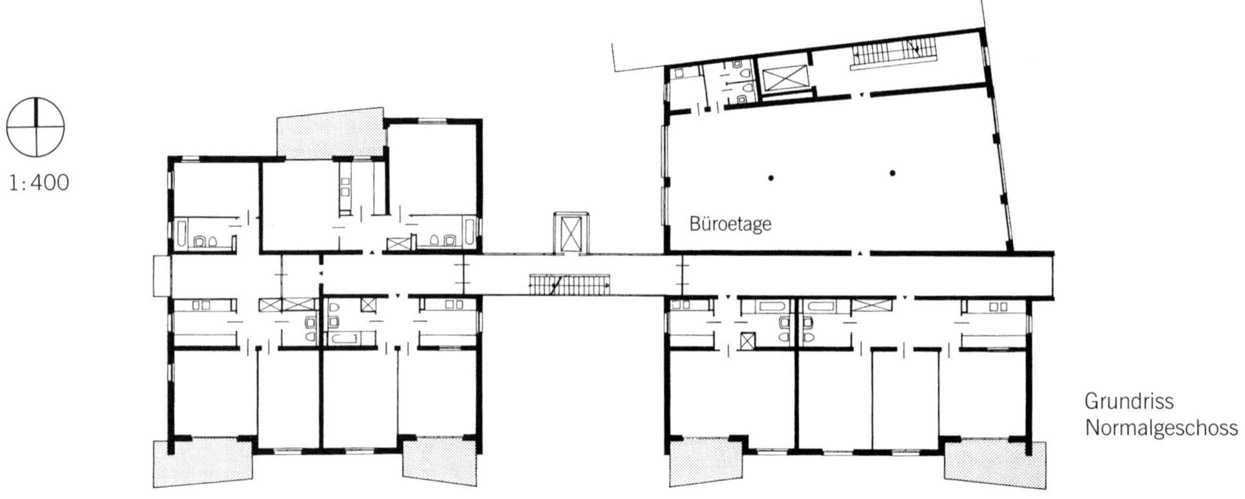

1:400
Büroetage
Grundriss
Normalgeschoss 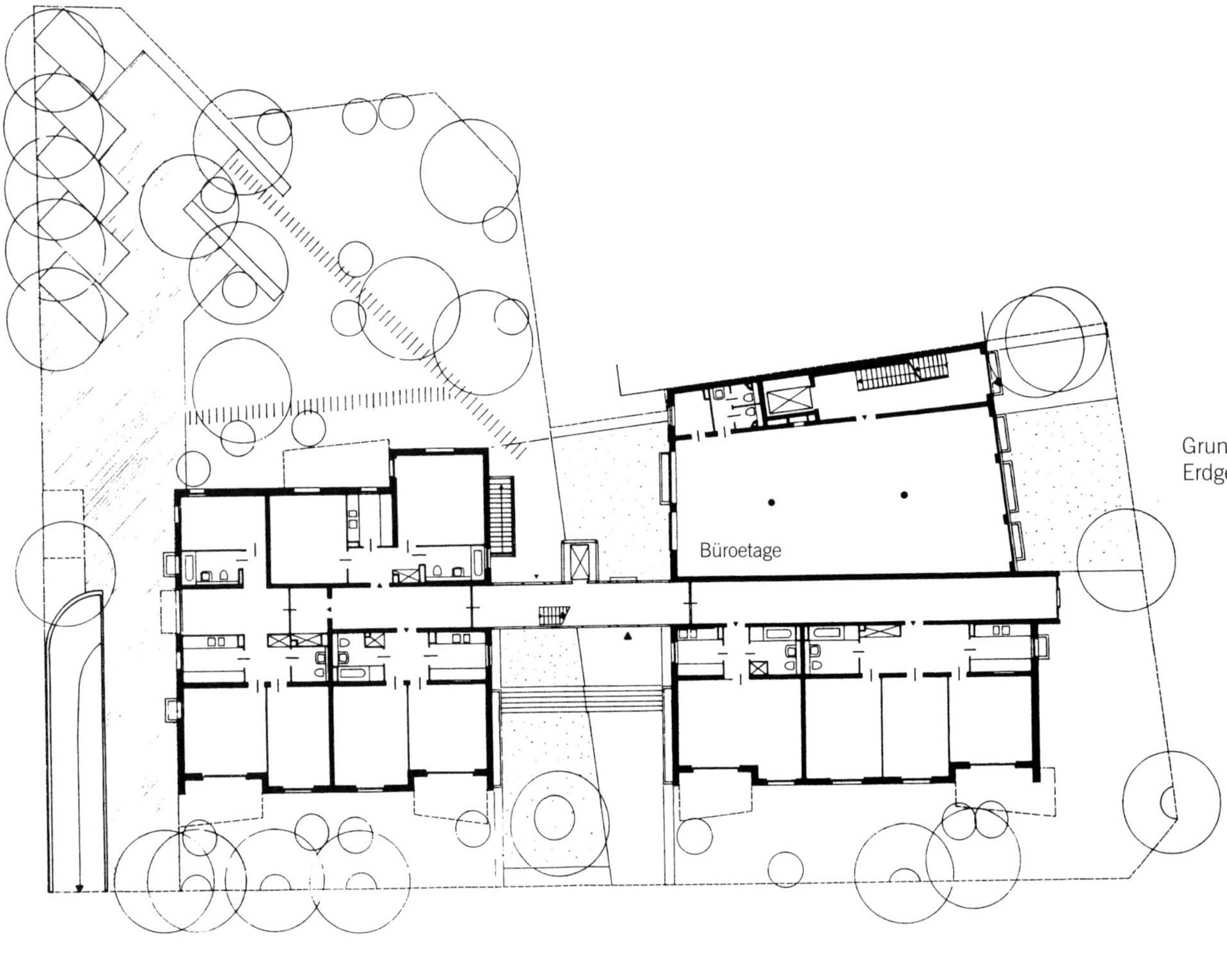
Büroetage
Grundriss
Erdgeschoss

Blick in die »gläserne
Scheibe« – Erschließungs-
element zwischen den
beiden Gebäuden

Stirnseite der »gläsernen Scheibe«
zwischen Gewerbe (rechts) und
Wohnen (links)

Haustür mit
schwebendem Dach

Integriertes Wohnen

In der Altstadt von Ingolstadt

Viele Menschen, die die Angebote der Stadt zu schätzen wissen, haben den Wunsch, auch im Alter mitten im Zentrum zu wohnen. Diesem Bedürfnis wurde bei der neuen Bebauung »Integriertes Wohnen«, die mit öffentlichen Fördermitteln realisiert wurde, Rechnung getragen.

Das Grundstück, das unmittelbar neben dem denkmalgeschützten Kolpinghaus liegt und dem Kolpinghaus Ingolstadt e.V. gehört, wurde der Gemeinnützigen Wohnungsbau-Gesellschaft mit der Intention einer sozialen Nutzung in Erbpacht überlassen. Im Kolpinghaus befindet sich eine kleine Gaststätte mit einem Biergarten als Treffpunkt. Die innerstädtische Lage des Grundstückes ist sehr gut geeignet für barrierefreies Wohnen mit Versorgungseinrichtungen in fußläufiger Entfernung.

Die neue Wohnbebauung ist mit ihren 35 barrierefreien Wohnungen als Doppelbaukörper um eine mittige Erschließungsachse konzipiert. Entlang der Straße ergibt sich aus den beiden giebelständigen Gebäuden und dem bereits bestehenden sechsgeschossigen Punkthaus eine typische Abfolge der Altstadtstruktur mit ihren manchmal eng beieinander stehenden Gebäuden. Das Punkthaus wurde saniert und beherbergt 16 Appartements.
Die Neubebauung um die Erschließungsachse bildet eine Wohngruppe mit eigener Identität. Die beiden neuen Baukörper sind so angeordnet, daß alle Wohnungen mit einem Lift über Laubengänge und Stege erreicht werden können. Der großzügige Zugang erfolgt von der Straßenseite. Treppe und Lift sind bereits von weitem gut erkennbar, gemeinsame Einrichtungen wie Briefkastenanlage, Batterieladeplatz und Sitzbank sind hier angeordnet.
Jede Wohnung hat einen großen Balkon, der vom Wohn- und Schlafraum zugänglich ist.

Schiebetüren können je nach Bedürfnis der Bewohnerinnen und Bewohner zur Seite geschoben werden und ermöglichen ein großzügiges Raumgefühl. Da die Mieterinnen und Mieter häufig Wert auf eine Badewanne legen, wurden die Bäder mit Wannen ausgestattet, ein nachträglicher Umbau in einen bodengleichen Duschplatz ist bereits vorgesehen.
Differenzierte Freibereiche mit unterschiedlichen Aufenthaltsqualitäten bilden die Ergänzung im Außenraum.
Die städtebauliche Anordnung der Gebäude zueinander schafft einen geschützten Innenbereich bei gleichzeitiger Zentralität in der Innenstadt, ein schöner Ort für den Lebensabend.

Zwischenräume

Brigitte Henning

1952   geboren in München

Roswitha Näbauer

1953   geboren in München

Mechthild Siedenburg-Landherr

1952   geboren in Bremen

Architekturstudium an der TU München, Aufbaustudium an der Architectural Association, London mit DAAD-Stipendium

seit 1980 gemeinsames Büro für Architektur und Städtebau in München

Projektinfo

Federführung:	Die Planungsgemeinschaft »Zwischenräume« besteht aus Brigitte Henning, Roswitha Näbauer und Mechthild Siedenburg-Landherr. Mitarbeit: Lurildo Meneses und Martin Spiegler
Bauherrschaft:	Gemeinnützige Wohnungsbau Gesellschaft, Ingolstadt
Baujahr:	1998/99
Standort:	Ingolstadt
Anzahl der Wohneinheiten:	drei 1-Zi.-Wohnungen, 26 2-Zi.-Wohnungen, sechs 3-Zi.-Wohnungen
Fotos:	Werner Prokschi, München

Neue Struktur- und Farbakzente

Das Punkthaus erhält durch die
Lamellenschiebeläden ein neues,
sich wandelndes Gesicht.

Aufgang zum Laubengang mit
regengeschützten Briefkästen

Eingangstüren mit Sichtschlitzen und
Küchenfenstern zum Laubengang

Grundriss
1. Obergeschoss
Punkthaus
Laubenganghäuser

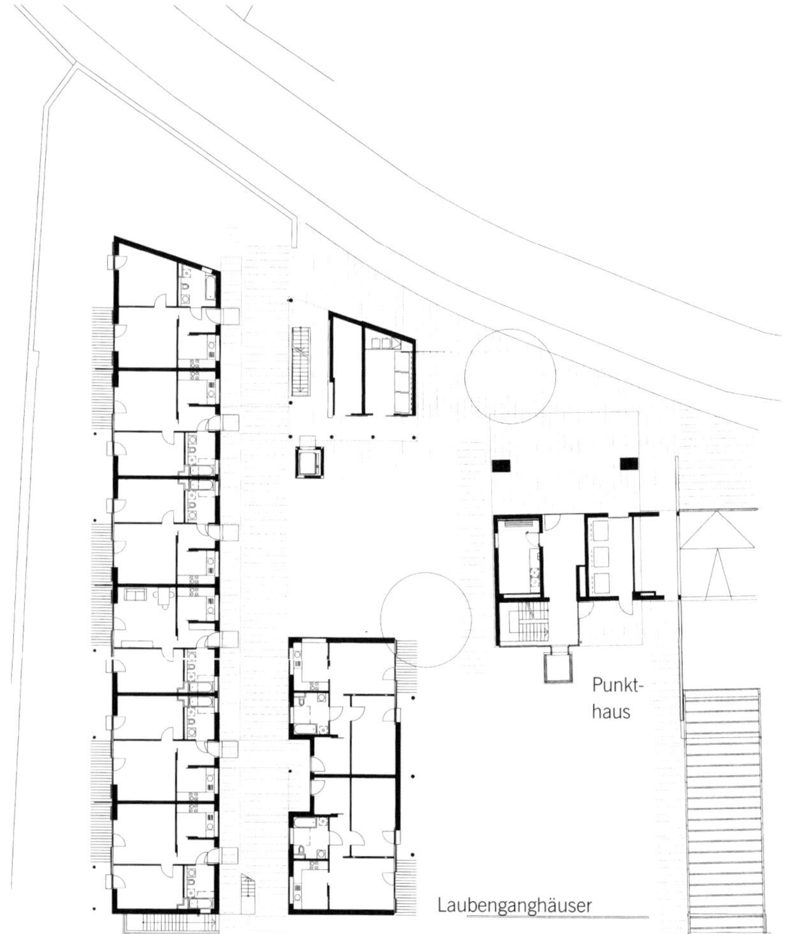

Grundriss
Erdgeschoss
Punkt-
haus
Laubenganghäuser
1:500

Schnitt

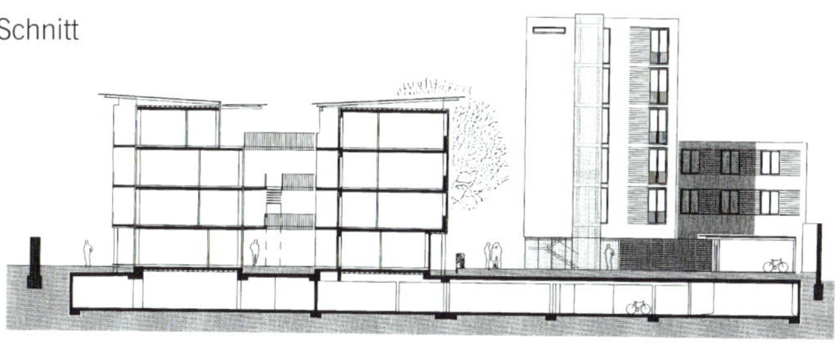

Stirnseiten der beiden
Laubenganghäuser

Ein Haus mit Fuge

Elf Wohnungen in Paris

Diese neue Wohnbebauung im 18. Arrondissement von Paris steht in einem Bezirk, der als Viertel der Arbeiterklasse und afrikanischer Immigranten bekannt ist. Odile Decq und ihr Partner Benoît Cornette haben versucht, das Grundstück mit der sehr schmalen Straßenseite optimal zu bebauen. Das Ergebnis ist ein elegantes, geradliniges, metallverkleidetes Gebäude. In seinem von außen sichtbaren Profil wirkt es fast kühl und ist durch eine bewusst inszenierte Fuge vom Nachbarhaus getrennt. Elf großzügig bemessene Wohnungen wurden hier gebaut, die durch natürliche Belichtung und interessante Aussicht hohe Qualität besitzen.

Der Grundriss des Gebäudes ist T-förmig. Im kurzen Arm an der Straßenseite stellen Treppenhaus und Lift in der Fuge den Zugang zu den oberen Laubengängen her. Die Eingänge zu den Wohnungen gehen von hier ab, jede Wohnung nimmt die Breite des Blocks ein, mit Aussicht auf einen kleinen Innenhof. Das Treppenhaus ist gegen die Straße abgeschirmt durch eine perforierte Schicht, die Privatheit vermittelt und doch den Blick nach außen auf die Straße ermöglicht. Eine blaue Säule – verstärkt durch eine senkrechte Neonröhre – setzt ein Eingangszeichen und markiert die Lage der Treppen. Der verglaste Aufzug ermöglicht Blickbeziehungen in den schmalen Innenhof, der mit Schiffshölzern belegt ist.
Die Eingangshalle wird von einer leicht gekurvten Sitzbank belebt, deren reale Länge durch einen Spiegel am Ende der Wand optisch verdoppelt wird.

Die Wohnungen sind Maisonetten mit zweigeschossig verglasten Fassaden auf der Hofseite. Sanitärbereich und vertikale Erschließung liegen jeweils an der Innenseite der Wohnung zur Erschließungs-Fuge hin.
Das Gebäude vermittelt durch seine repräsentative Eingangshalle, seine Materialwahl und sorgfältige Detaillierung ein eher gehobenes Niveau, obwohl nur ein mittleres Budget zur Verfügung stand. Damit setzten Odile Decq und Benoît Cornette bewusst einen Kontrapunkt zu der Umgebung, um das Gebäude für wohlhabendere Bewohnerinnen und Bewohner attraktiv zu machen und zur stärkeren sozialen Durchmischung des Quartiers beizutragen.

Das dynamische Spiel mit geraden und gekrümmten Linien, mit sichtbarem und physischem Raum mitten im pulsierenden Leben des Stadtquartiers schafft eine spannungsvolle innerstädtische Wohnsituation.

Rechte Seite:
Hofansicht mit
Treppenhaus-Fuge
zum Nachbarhaus

Odile Decq

1955	geboren
1978	Architektur-Diplom DPLG an der UP6, Paris
1979	Stadtplanungs-Diplom DESS am Institut d'Etudes Politiques in Paris
seit 1985	Büropartnerschaft mit Benoît Cornette
seit 1991	Lehraufträge der Büropartner/in in Grenoble, Montreal, Paris, Vienne, London
1996	Auszeichnung mit dem Goldenen Löwen der Biennale von Venedig, diverse Auszeichnungen für die BPO, Banque Populaire de l'Ouest (gebaut 1990)
seit 1997	Mitglied der Académie d'Architecture

Projektinfo

Federführung:	Odile Decq arbeitet in Bürogemeinschaft mit Benoît Cornette. Das Projekt entstand in Partnerschaft.
Baujahr:	1992/1995
Standort:	Paris, Frankreich
Bauherrschaft:	S.I.E.M.P. (= Société Immobilière d'Economie Mixte de Paris)
Wohnfläche:	1 056 m²
Anzahl der Wohneinheiten:	11 Wohnungen: 2 x 1-Zi-Whg, 3 x 2-Zi-Whg, 3 x 3-Zi-Whg, 3 x 4-Zi-Whg, 26 PKW-Plätze, Läden
Baukosten:	7 983 386 Francs H.T.
Fotos:	Georges Fessy, Paris

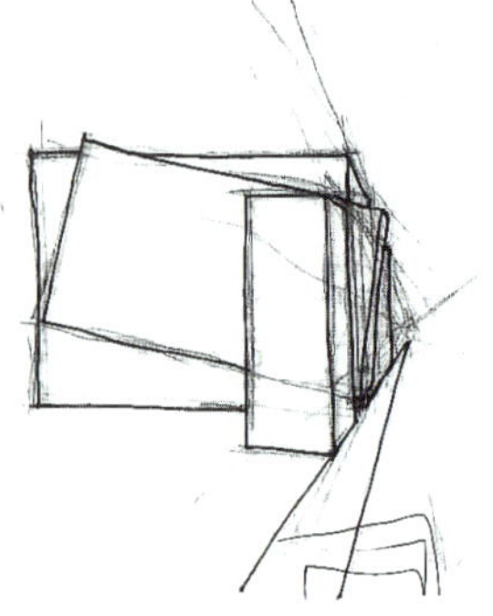

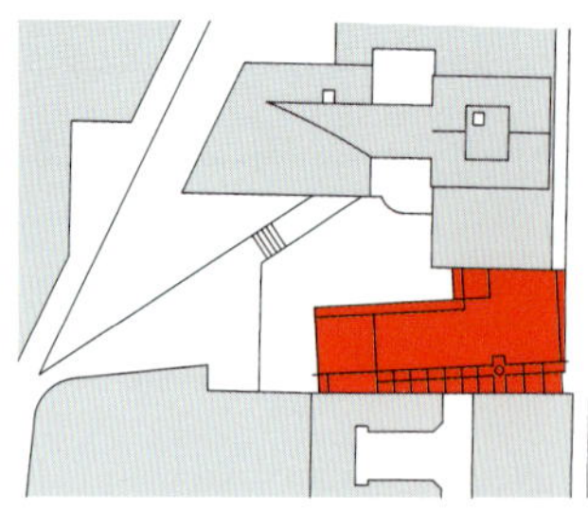

Ideenskizzen zur
Konzeptentwicklung

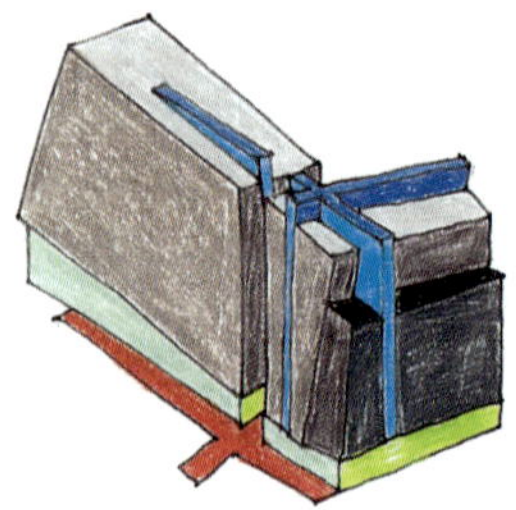

1:300

Grundriss
5. Obergeschoss

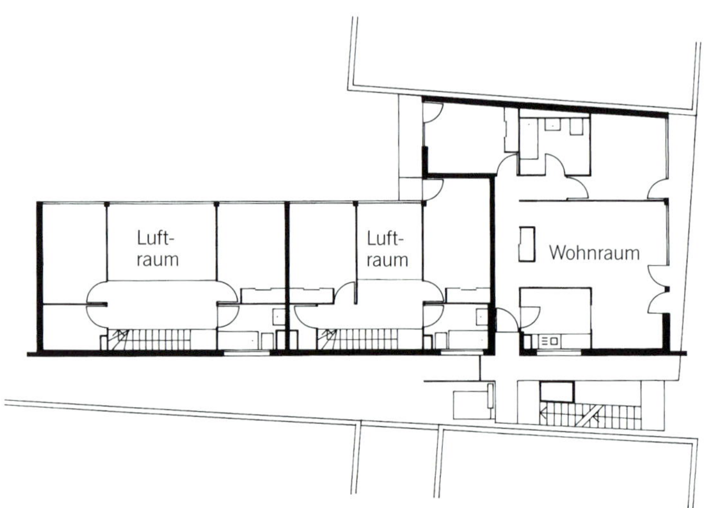

Grundriss
4. Obergeschoss

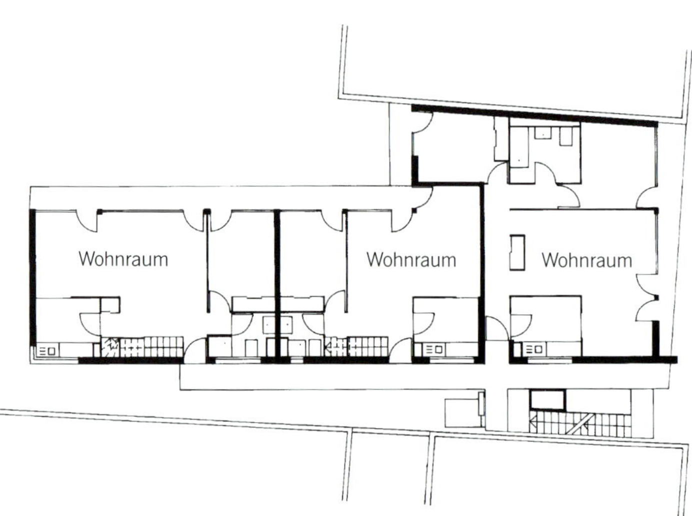

Die blaue Säule im
Eingangsfoyer, rechts die
Briefkästen und eine
Spiegelwand am Ende

Zweigeschossiger Luftraum
in der Maisonettewohnung

Architektinnenverzeichnis/Literaturnachweis

Asseburg, Angelika
Büro: Asseburg und Asseburg
Danneckerstraße 22, D-79182 Stuttgart
Tel. 07 11/24 15 35, Fax 2 36 13 34
Seite 104

Becker, Prof. Dorothea
Büro: h.e.i.z.Haus: Dorothea Becker und Thomas
Strauch-Stoll
Wurzenerstraße 15 a, D-01127 Dresden
Tel. 03 51/8 58 43 67, Fax 8 58 43 69
Seite 30
e-mail: heizhaus@advis.de

Blüml, Angelika
Büro: Noichl + Blüml
Im Steinach 14, D-87561 Oberstdorf
Tel. 0 83 22/96 66 20, Fax 96 66 39
Seite 112

Decq, Odile
Büro: Odile Decq et Benoît Cornette
11 rue des Arquebusiers, F-75 003 Paris
Tel. 00 33-1-42 71 27 41, Fax 42 71 27 42
e-mail: odbc@club-internet.fr
Seite 186

Dubbeldam, Winka
Büro: Archi-Tectonics
111 Mercer St., #2., USA-New York, NY 10012
Tel. 212-2 26 03 03, Fax 2 19 31 06
wdubb4ny@bway.net
Seite 20

Dzino, Claudia
Büro: Dzino + Dzino
Mannagettagasse 5, A-2340 Mödlingen
Tel. + Fax 00 43-22 36 - 89 21 64
Seite 88

Edmaier, Christine
Köpenickerstraße 48–49, D-10179 Berlin
Tel. 0 30/2 79 16 55, Fax 279 02 05
Seite 150

Eisermann, Dagmar
Büro: Eisermann & Kaffenberger
Rittnertstraße 35, D-76227 Karlsruhe
Tel. + Fax 07 21/49 84 66
Seite 100

Gautschi, Myriam Claire
Büro PAK: Myriam Claire Gautschi +
Günther Zöller
Litzenhardtstraße 83, D-76135 Karlsruhe
Tel. 07 21/86 57 41, Fax 86 57 42
Seite 78

Gropp-Stauth, Gabriele
Am Brandeswinkel 37,
D-38302 Wolfenbüttel
Tel. 0 53 31/7 81 30
Seite 108

Gruber, Doris
Büro: Gruber + Popp
Waldemarstraße 33, D-10999 Berlin
Tel. 030/68 80 96 65, Fax 68 80 96 66
Seite 34

Hadid, Zaha
Studio 9, 10 Bowling Green Lane
GB-London EC 1 ROBQ
Tel. 00 44 171-2 53 51 47, Fax 2 51 83 22
zaha@hadid.u-net.com
Seite 96

Halfmann, Ulrike
Büro: Martin + Ulrike Halfmann
Bachemer Staße 176, D-50935 Köln
Tel. 02 21/43 10 83, Fax 43 02 606
Seite 38

Heyl, Berta
Büro: Grünenwald + Heyl,
Ludwig-Marum-Straße 38, D-76185 Karlsruhe
Tel. 07 21/5 97 27-0, Fax -70
Seite 40

Hillebrandt, Anette
Büro: Hillebrandt + Schulz
An der Münze 6, D-50668 Köln
Tel. 02 21/7 374 16, Fax 73 74 46
Seite 124

Holodeck
Büro Holodeck: Marlies Breuss,
Michael Ogertschnig, Susanne Schmall
Kirchengasse 13/1a, A-1070 Wien
Tel. 00 43-1-5 24 81 33-0, Fax -4
Seite 128

Hüttinger, Petra
Büro: Bucher + Hüttinger
Tel. 0 91 32/73 56 95, Fax 73 56 94
Gleiwitzerstraße 22,
D-91074 Herzogenaurach
Seite 58

Hug, Susanne
Wilonstraße 138, D-72072 Tübingen
Tel. + Fax 0 70 71/79 24 47
Seite 74

Huke-Schubert, Prof. Beata
Büro: Huke-Schubert
Isestraße 13, D-20144 Hamburg
Tel. 0 40/4 20 95 91, Fax 420 9541
Seite 168

Hutton, Louisa
Büro: sauerbruch hutton
Lehrter Straße 57, D-10557 Berlin
Tel. 0 30/39 78 21-0, Fax -30
office@sharc.de
Seite 26

Jantzen, Christine
BÜRO ZWO
Pappelweg 22, D-35041 Marburg
Tel. 0 64 21/16 43 90, Fax 16 43 70
Seite 66

Jilg-Meiser, Eveline
Friedensstraße 13 b,
D-63533 Mainhausen
Tel. 0 61 82/89 72 18, Fax 89 72 19
Seite 44

Kaiser, Gisela
Büro: Kaiser + Kaiser
Im Schüle 39, D-70192 Stuttgart
Tel. 07 11-2 56 60 53, Fax 25 17 71
Seite 136

Laufner + Ernst
Hirsauerstraße 14, D-70569 Stuttgart
Tel. 07 11/6 87 36 50, Fax 6 87 36 51
e-mail:laufner.ernst@attglobal.net
Seite 172

Lohss, Astrid
Bornsener Strasse 26, D-21521 Aumühle
Tel. 0 41 04/4 44 77, Fax 96 12 94
e-mail Flohss@aol.com
Seite 132

Pieroeth, Ute
Büro: Architekten im Rheinauhafen
Agrippinawerft 6, D-50678 Köln
Tel. 02 21/3 31 91 67, Fax 32 47 27
Seite 54

Rabenschlag, Anne
Dudenstraße 78, D-10965 Berlin
Tel. 0 30/7 86 89 04, Fax 7 86 15 56
Seite 176

Rehm, Andrea
Eberhardstraße 46, D-70736 Fellbach
Tel. + Fax 0 711/5 78 32 31
Seite 116

Reicher, Christa
Büro: »rha«
Oppenhoffallee 74, D-52066 Aachen
Tel. 02 41/40 55 20, Fax 40 55 30
Seite 46

Richter, Gabriele
Büro: Richter Architekten: Dieter Richter und
Gabriele Richter
Preußerstraße 1, D-24105 Kiel
Tel. 04 31/57 96 - 0 00, Fax - 0 01
Seite 70

Sanaksenaho, Pirjo
Büro: Sanaksenaho Arkkitehdit Oy:
Matti Sanaksenaho, Pirjo Sanaksenaho
Tehtaankatu 13 C 52, SF-00140 Helsinki
Tel. 00 35 89 - 17 73 41, Fax 63 06 36
e-mail: arch@sanaks.pp.fi
Seite 162

Schattauer + Tibes
Wielandstraße 9, D-12159 Berlin
Tel. 0 30/8 52 05 80, Fax 852 93 01
Seite 154

Scheiblauer, Prof. Christin
Büro A+S: Prof. Christin Scheiblauer,
Prof. Nikolaus Neuleitner
Ohmstraße 9, D-80802 München
Tel. 0 89/2 71 00 03, Fax 2 71 91 53
Seite 158

Schepp, Anita
Paulstraße 24–26, D-50676 Köln
Tel. + Fax 02 21/32 95 04
Seite 92

Schmid-Hammer, Doris
Büro: Hammer + Schmid-Hammer
Rosenheimer Straße 139/XII,
D-81671 München
Tel. 0 89/49 00 09 22, Fax 49 00 09 23
Seite 144

Sejima, Kazuyo
Büro: SANAA Ltd./Kazuyo Sejima,
Ruye Nishizawa & Associates
7-A, 2-2-35, Higashi-Shinagawa,
Shinagawa-Ku, Tokyo, 140-0002 Japan
Tel. 81-3-3450-1754, Fax: -1757
sanaa@sanaa.co.jp
Seite 82

Stein, Eva von der
Brabantstraße 3, D-52070 Aachen
Tel. + Fax 02 41/50 58 53
Seite 50

Ullmann, Prof. Franziska
Windmühlgasse 9/26, A-1060 Wien
Tel. 00 43-1-5 86 85 22, Fax. 5 87 78 87
Seite 62

Weber, Anna
Büro Orange: Anna Weber + Peter Tschada
Christinenstrasse 18/19, Haus 9,
D-10119 Berlin
Tel. + Fax 0 30/4 40 82 45
Seite 120

Welter, Birgit
Köpenickerstraße 48/49, D-10179 Berlin
Tel. 0 30/30 86 25 67, Fax 30 86 25 70
e-mail: b.welter@t-online.de
Seite 140

ZWISCHENRÄUME
Brigitte Henning, Roswitha Näbauer, Mechthild
Siedenburg-Landherr
Blutenburgstraße 55, D-80636 München
Tel. 0 89/18 69 96, Fax 18 83 04
Seite 180

Literaturnachweis

DISP 120: Institut für Orts-, Regional- und
  Landesplanung, Zürich 1995. S. 32, Beitrag von
  Erika Spiegel, Prof. (em.)
  Dr. phil., »Frau und – Kinder?«
Fachserie 15, Heft 5, S. 54.
Irigaray, Luce: *Speculum. Spiegel des anderen
  Geschlechts*, Frankfurt a.M. 1980.
Laufner, Odile: *Vorstellungen vom Wohnen
  vor dem Hintergrund der Lebenssituation
  von Frauen.* RWTH, Aachen 1996.
dies.: *Zum Wohnungsbau – Beiträge von
  Architektinnen.* Sozialministerium Baden-
  Württemberg 1999.
Pallowski, Katrin: Berufsbilder und Lebenswege seit
  1900, in: Landesgewerbeamt Stuttgart (Hg):
  Frauen im Design 1989,
  S. 23.
Vogt, Prof. Adolf Max; Huber Dorothee; Tschokke
  Walter (Hg): *Die Architektin Lux Guyer.* ETH
  Zürich 1983.
Wex, Marianne: *Weibliche und männliche
  Körpersprache als Folge patriarchalischer
  Machtverhältnisse.* Hamburg 1979,
  S. 295, 242 u. 243.
Wolf-Graaf, Anke: *Die verborgene Geschichte
  der Frauenarbeit.* Eine Bildchronik. Beltz,
  Weinheim und Basel 1983.

Impressum

© 2000 Verlag Georg D.W. Callwey
GmbH & Co., Streitfeldstraße 35,
 81673 München
http://www.callwey.de
e-mail: buch@callwey.de

Die Deutsche Bibliothek – CIP-Einheitsaufnahme
Ein Titeldatensatz für diese Publikation ist bei
Der Deutschen Bibliothek erhältlich.
ISBN 3-7667-1408-2

Litho: Karl Findl & Partners, Icking
Druck und Bindung: Kösel, Kempten
Printed in Germany 2000

Abbildungen:
Schutzumschlag: Vorderseite: Kröger + Dorfmüller,
Hamburg; Rückseite oben: Paul Warchol, New York;
unten: Dorothea Becker, Dresden
S. 2: Jens Willebrand, Köln

Dank

Wir bedanken uns bei Ulrike Ernst und Gesa
Ingendahl für die kritischen und konstruktiven
Anmerkungen zu den Texten. Unser Dank gilt auch
Monika Pitterle, die mit ihrer Kreativität bei der
grafischen Gestaltung zum Gelingen des Buches
besonders beigetragen hat.
Die Offenheit und Kooperationsbereitschaft des
Verlagsleiters Roland Thomas haben das Buch in
dieser Form erst ermöglicht, auch ihm gilt unser
besonderer Dank.

Häuser am Hang sind spektakulär:

Ihre Grundrisse sind allein auf die Natur zugeschnitten. Stephan Isphording präsentiert 40 aktuelle Hanghäuser aus Deutschland, Österreich und der Schweiz. Fundierte Informationen von der Grundstückssuche über die Planung bis zur Fertigstellung!

Stephan Isphording, **Häuser am Hang**
192 S., 220 Abb. und 60 Zeichn. Geb. mit Schutzumschlag.
ISBN 3-7667-1402-3

Gruppen-Dynamik!
Die Autoren präsentieren Gruppenbau-Projekte, die architektonisch und ökologisch überzeugen. Planungs- und Bauprozesse werden detailliert vorgestellt und durch Grundrisse, Pläne und einen Serviceteil mit juristisch geprüften Musterverträgen, Checklisten und Adressen ergänzt.

Dörte Fuchs / Jutta Orth, **Bauen in der Gruppe**
128 S., 150 Abb. und 20 Grundr. Geb.
ISBN 3-7667-1389-2

Optimale Raumkonzepte!
Anton Graf zeigt in 40 Beispielen, wie sich Wohnen und Arbeiten unter einem Dach vereinen lassen – Werkstätten und Büros, Praxen und Läden in Kombination mit Wohnungen für Singles, Paare und Familien. Mit Innen- und Außenaufnahmen, Grundrissen und Plänen!

Anton Graf, **Wohnen und Arbeiten unter einem Dach**
200 S., 250 Abb., 100 Skizzen. Geb.
ISBN 3-7667-1370-1